喬木
書房

喬木書房

Good timing, good tricking

把心機用在對的時機

每個人都在用心機，但是使用的「時機」卻往往讓結果大異其趣，
「心機」要用得切合時宜，「心機」更要能合情合理地打進別人心坎裡，
這本書讓你懂得掌握時機、運用心機、成就自己。

★★★★★
全新暢銷
修訂版

呂叔春※著

如果多花點心思，你會從本書學得：

--讓自己成熟而不世故，誠懇穩重
--在適當時機說得體的話，皆大歡喜
--做事留餘地，做人留退路，廣結善緣
--留些「勢利眼」尋找可靠伙伴，共存共榮
--「厚黑」處事不爭面子，明哲保身
--懂方圓之道，不惹事不怕事，達觀圓融

聰明的人之所以聰明，是因為他比別人更多一點「心機」；
成功的人之所以成功，是因為他更懂得用在對的「時機」。

目錄

第一章　幫自己的將來鋪條好路：成熟而不世故　15

成熟的人，做人沈著穩當，人人想與之交往，這樣的人在社會上必定左右逢源，如魚得水；而世故的人，本以為得了便宜，把各種算計運用得自以為是，結果，日久見人心，人人反而敬而遠之，最後落得孤家寡人，形單影隻好不淒涼。

CONTENTS

第二章　話不能說絕，口無遮攔難成大事　59

做人要有「心機」，很多時候體現在語言上，有些人話說得斬釘截鐵，信誓旦旦，卻又口無遮攔，輕許承諾，結果做到的少，跳票成為家常便飯，最終累得自己半死，還遭人討厭，實在是吃力不討好，費心還傷神。

CONTENTS

第三章

做人難，難做人。很多時候，不僅要給別人留有餘地，還要給自己鋪個台階。如果不具備一點「心機」，做人就會陷入死胡同，既沒有退路，也沒有出路，只能堵在死路上，抑鬱寡歡。

第四章　要有「勢利眼」：尋找可靠的夥伴　139

有點「勢利眼」可謂是善識時務，而不懂得勢利的人，只能說自欺欺人，贏了面子，輸了裡子。

人一生中，免不了與他人合作，有「勢利眼」的人，能選擇有才能有前途的人，自己自然也沾光；若為了義氣任性，選擇合作夥伴時只顧感覺不顧勢利，結果必然是雙方都失敗，自己也深陷困境。

第五章 處世講點「厚黑」：放下面子來做人 177

人要面子活受罪，與其天天活受罪，不如放下面子來做人。所以，處世講點「厚黑」，只要臉皮不太厚，心也不太黑，做人就能做得完善，做事就能做得完美。

做人要有「心機」，就要懂得方圓之道。能夠「亦方亦圓」，那麼何為「方」來何為「圓」？

一般來說，自然形成的都是圓的，人為修飾的都是方的，因此，方為動，圓為靜，方是原則，圓是機變，方是以不變應萬變，圓是以萬變應不變。外表要圓（大智若愚），內心要方（清靜明志）；對己要方（嚴以律己），對人要圓（寬以待人）。有圓無方則不立，有方無圓則滯泥。所以，做人時能亦方亦圓，方中有圓，圓內容方，就能夠在交際中應付自如，沒事不惹事，有事不怕事。

第一章

幫自己的將來鋪條好路：成熟而不世故

成熟的人，做人沈著穩當，人人想與之交往，這樣的人在社會上必定左右逢源，如魚得水；而世故的人，本以為得了便宜，把各種算計運用得自以為是，結果，日久見人心，人人反而敬而遠之，最後落得孤家寡人，形單影隻好不淒涼。

一、不要算計人：算來算去算自己

天天想算計別人的人，最終肯定為別人所算計，做人要有「心機」的用意，不是用心機去算計別人，而是用「心機」來保護自己，以防被他人算計。

社會上就是有那麼一幫人，心術不正專走旁門左道，以堵塞別人的道路，破壞別人的成就為樂。讓許多人深受其害，抱怨這些人唯恐天下不亂。

從古到今，有這樣一類人，專門幫別人出謀劃策，從中取得利益。春秋戰國的諸子百家中的縱橫家，最具代表性，他們不管主子是誰，朝秦暮楚一樣地效力。後來又發展出所謂門客，幕僚，師爺，謀士。現代社會中不也是走這樣的「專業人士」，非正式的稱號叫企劃，是我們再熟悉不過的一個職稱。

會算計的人則是這幫人裏的偽劣產品，他們既稱不上縱橫家的「家」，也算不上走私犯之類的「犯」，可是他們就活生生地在我們的生活中。會算計的人，雖無專長，但也往往能騙來一官半職。只是當官時不會為民謀福利，硬將把別人功勞歸自己，小奸小貪；自己不會舞文弄墨，但喜歡打筆仗騙文名，把別人的成果一筆抹煞……這類人，只要好處撈夠了就行。而這類人大過不犯，小錯不斷，這類人總是到處沾好處、得名得利，不過到頭來卻什麼貢獻都沒留下。這類人你見過，我見過，像蚊子蒼蠅般，雖說壞不了大事，但也絕不了種。

當然，能存活的人，必有其過人之處，這種人也不盡然一點「可取」之處都沒有。

有了會算計的人，才會有被算計者的成功。遠的說李白、杜甫。李白仕途不達、杜甫功名不就，也才有李、杜詩名傳千古；近的說魯迅，若不是那麼多人算計圍剿，哪有這舉世無雙的魯氏雜文？這些讓後世千古傳唱的傑作，都得拜那些會算計的人之賜。

有了會算計的人，我們會增長許多生存能力。學會與這類人打交道，一來不上火，二來不生氣，也知道怎麼和這類人應對、和平相處。該丟的丟了就是，該捨的捨它而去，其實不會讓生活有什麼太大的不同。因此，不妨把此類人當做心理健康教師，讓我們時時有個標準，隨時警惕自己不要被同化了。

有了會算計的人，社會也會自然而然有「環保機制」出現。蚊子蒼蠅鬧不了大事，但蚊子蒼蠅成了氣候得了勢，那就說明這裡有了腐敗之氣了，可得下大功夫清除這些垃圾。所以說做人不要算計人，只要「心機」都用於正道，一樣可以有所作為，功成名就。去做一個小人，不但事業不成，還會留下臭名，是做人的最大失敗。

二、要成熟而不要世故

成熟是真正的「心機」，世故則是快腐爛的「心機」，是「心機」比較負面的涵義。要想對社會有所貢獻，就得要成熟而不要世故。

生活中，大多數人覺得做人很難，人們渴望自己早一些成熟起來，卻又往往無法分清成熟與世故的界限，一不小心便掉入世故的泥淖中。那麼，到底要怎樣來區別成熟與世故呢？

成熟者能看到社會或人生的陰暗面，卻不被陰暗面所嚇倒，表面上沉靜而內心卻有一腔熱血。因為面對黑暗面，雖有不平卻不悲觀，既堅信希望在於將來，又執著於今天的努力。世故者同樣看到社會的陰暗面，但他們分不清主流或非主流、真相或只是一時的現象。他們因為曾在事業、理想、生活、愛情等方面遭受過打擊或挫折便冷眼怨恨，覺得人生殘酷、社會黑暗。在生活中，成熟與世故的具體區別表現為：

1、真誠與虛偽。

成熟者知道社會是複雜的，因此人的頭腦也應當相對地複雜。凡事自行琢磨，自己做主，不輕信，不盲從；與人交往，謹慎小心卻不失去赤子之心，和朋友談心，不必刻意留心；但是和不熟悉的人交往，絕不會一下子就推心置腹，因為這樣既不懂得自重，也不尊重別人。懂得多聽少說，瞭解彼此後才交流更多資訊。世故者由於看到過多人生和社會的陰暗面，因而誤以為人世間沒有真誠可言。與人做「蜻蜓點水式」的交往，好似中東的婦女般披上自己防衛的面紗，把自己的內心世界封閉起來。對人外熱內冷，處事提防，奉行「見人只說三分話，未可全拋一片心」的處世原則。朋友相交，虛與周旋，別人的事瞭若指掌，自己的事卻隔牆難聞，刻意說給別人聽的，儘是些「不著邊際」的話。

2、互助和利用。

成熟者在處理人際關係上，堅持互惠互利，共存共榮的態度，有福同享，有難同當，所以患難時更見真情流露。世故者凡事以利益為先，交往的熱情則與對象利用的程度成正比，即使是對同一個人也不例外，尤如果戈里小說《死靈魂》中的主人翁奇啓可夫一樣，在剛當小職員時，百般討好巴結上司的麻臉女兒，在博得上司的好感，當上了科長、站穩了腳跟之後，便馬上翻臉不認人，那個癡情的女孩便成了他愚弄的對象。

3、堅持原則與見風轉舵。

成熟者遇事頭腦冷靜，堅持原則，有主見，該怎麼做就怎麼做。世故者如牆頭草般，見人說人話，投人所好，八面玲瓏，採取「風吹兩面倒」的處世方法。有人就描寫這樣演員似的做作：當世故者和多愁善感的人交往，便把自己打扮成多愁善感的人，說話時，眼睛裏有時還會淚光閃閃；轉身和性格多疑的人交往，他又隨即深沉起來，與對方一起分析別人如何有可能損人利己，奉勸對方應採取何種態度來對付；而和性情直爽的人談話時，他又馬上變得嫉惡如仇，為朋友打抱不平，兩肋插刀；當與喜歡息事寧人、凡事調和的人在一起時，則又顯得老謀深算，久經風霜，把那些正直的舉動說成「簡單」和「幼稚」，彷彿發生的一切麻煩都是因為他不在場而造成的。逢迎各式交往而不吃虧，十足的「變色龍」。

4、剛正不阿和玩世不恭。

成熟者對事敢於發表自己的意見，敢做敢當，有「捨我其誰」的大丈夫氣概，往往小事糊塗，大事清楚。世故者則遊戲人間，靠滑頭和混世來存活，口裏說中庸，其實是騎牆觀型。他們和人可以談天說地，但只是閒扯淡，不下結論，逼不得已時則丟出「大家早已公認」的結論來含糊其辭。遇有原則問題需要辨明時，則顧左右而言其他，要不然就是模棱兩可，別人怎麼說就怎麼有理。與人意見不同時，便以「今天天氣……哈哈哈」的態度加以迴避。所以世故者往往不得罪任何一方，盡量不惹是非，打混摸魚以求自保。

5、向上提升與往下沉淪。

成熟者和世故者也許都經歷過生活的艱辛、人生的磨難。但前者把挫折當成歷練，重新認識社會與自我，努力提升自己；後者則非常極端地不問是非，只為反對而反對或者乾脆對一切無所謂，尋求跳脫社會規範，也許還會與惡勢力同流合污。

成熟是人生的一種氣質，而世故則是人生的一種疾病。世故的人在交往中被人們認為太有「心機」，實則不然，這恰恰是沒有「心機」的表現。他們讓人不可靠近，不願意靠近，也讓自己喪失了最大的做人樂趣。

三、以德立身，澤己及人

做人要有道德，是無庸置疑的，做人要有「心機」，這也沒有太大疑議，這二者看似矛盾，實則互為表裏。

人的品行、德行就是「德」，自古「才」與「德」並重，形容一個人最好的詞語就是「才德兼備」。一個品行不端、德行糟糕的人不可能結識真正的朋友，獲得長久的事業成功。而這樣的人也很難有人能與其長期合作，因為這種人不是扯爛污，就是過河拆橋；這種人在家庭中，也會做出不道德的事情，極有可能造成另一伴和孩子的痛苦和不幸；甚或鋌而走險而落入法網……

要邁向成功，就要以德立身，這是一個成功者必須確立的內在標準，沒有這個內在的標準，人生之路就會失去方向指引，最終的失敗是必然的。

以德立身，還必須以「自律」為前提，一味講「哥兒們的義氣」並不在以德立身之列。俗話說：「近朱者赤，近墨者黑。」在社會上，喪德之友最終會成為自己人生路上的不定時炸彈。例如，明知這筆貸款程序不合，但因為對方是朋友，便大開方便之門；明知這個項目不能擔保，因為受朋友的委託，所以還是承辦。諸如此類經濟犯罪案件大多發生在年輕人身上，他們重朋友、講義氣，自以為非常瞭解朋友，因此在合作中絕對信任對方，毫無防備，不能辨的事也不好意思拒絕，因此被缺德之人利用，而毀了自己的前程。

以德立身，是一個人終其一生最基本的做人原則。在人生的不同階段，道德對於人的要求也不盡相同，每個人能體驗和經歷的內容也不一樣，但是，「以德立身」的人生支柱是不變的，它絕對是撐起人生大廈最重要的那根支柱。

佛蘭克林是美國開國時期的民主主義者、著名的科學家，其一生受到了人們的愛戴和尊敬。但是，佛蘭克林早年的性格非常乖戾，無法與人合作，做事經常碰壁。

佛蘭克林從失敗的經驗深自反省檢討，他為自己制定了十三條行為規範，並嚴格地執行，很快地就為自己鋪就了一條通向成功的道路：

1、**節制**。食不過飽，飲不過量，不因為飲酒而誤事。

2、**緘默**。講話要利人利己，避免浪費時間的瑣碎閒談。

3、**秩序**。把所有的日常用品都整理得井井有條，把每天需要做的事排出時間表，辦公桌上永遠都不零亂。

4、**決斷**。決心履行要做的事，必須準確無誤地履行所下定的決心，無論什麼情況都不能改變初衷。

5、**節約**。除非是對別人或是對自己有什麼特殊的好處，否則不要亂花錢，不要養成浪費的習慣。

6、**勤奮**。不要荒廢時間，永遠做有意義的事情，拒絕去做那些沒有多大實際意義的事情，對於自己的人生目標的追求永不間斷。

7、**真誠**。不做虛偽欺詐的事情，做事要以誠摯、正義為出發點，如果要發表見解，必須有根有據。

8、**正義**。不做任何傷害或者忽略別人利益的事。

9、**中庸**。避免兩極化的態度，克制對別人的怨恨情緒，尤其要克制衝動。

10、**清潔**。不能忍受身體、衣服或住宅的不清潔。

11、**鎮靜**。遇事不要慌亂，不管是普通的瑣碎小事，還是不可避免的偶然事件。

12、**貞潔**。要清心寡慾，如果不是有益於身體健康或者是為了傳宗接代，盡量少行房事。絕不做任何干擾自己或別人安靜生活的事，也不要做任何有損於自己和別人名譽的事情。

13、謙遜。要向耶穌和蘇格拉底學習。

要抵得住享樂的誘惑，要抵得住金錢的勾引，不要有非分之想，不為別人的行為而動，不為別人的言論而動，也不能為了任何誘惑和利益，去做明明知道是邪惡的事情。

道德沒有統一的標準，德的前提就是盡量幫助別人，做有利於自己和他人的事，而不損人利己。這些簡單的不能再簡單的道理，正是做人最長久的「心機」。

四、有義氣更要有理智

做人重友情、講哥們義氣當然重要，但遇事只講義氣，魯莽失去理智，萬萬使不得。這時就要花點「心機」，用理智來處理一切，免得到頭來幫不成忙，還惹來朋友怨恨，弄得裏外不是人。

為朋友兩肋插刀，這種義氣誰都有。雖然義氣是做人交友的一種原則，但我們往往看到，有些人僅為了義氣就失去了理智和「心機」，這是非常危險的做法。義氣也有原則，講義氣也得有所取捨，盲目的義氣往往徒增事端。

其實我們為人處世有二條原則，一是以「做好事」為標準，二是以「做好人」為標準。有人把前者作為最終目標，而有人卻以後者為目標。如果以後者為目標，那麼他的一切將以討好別人為出發點，以情面為準則，這種人是肯定做不好事的。光憑義氣行事的人就是以做好人作為他畢生的目標，似乎一輩子有許多哥們朋友誇他夠義氣，他也就心滿意足了，這是很不足取的。俗話說：「在家靠父母，出外靠朋友。」朋友間的互相幫助原本無可厚非，但如果其中摻入「義氣」兩字，就會衍生出危險來。有的人能清醒、理智地對待問題，那麼當互相幫助和原則發生衝突時，就能以遵守法則為重；而如果一味以義氣為重，那就可能為了義氣而導致作姦犯科，到頭來只是害了自己。

要把義氣之害減到最低程度，最根本的方法就是要「知法」，隨時把法律放在心上，在衝動的時候，這些熟記的法律會適時地防止一些可能鑄成的大錯。其次，要養成不輕易承諾的習慣。有些人是因為面子問題，而隨口承諾別人，然後也為了保住面子而鋌而走險，結果是丟更大的臉。凡事做之前要考慮清楚；有時，猶豫一下是好事，最後，要勇於拒絕別人。如果擺明著有些事要挑戰法律，那就該想想：對方不顧我們的安危讓我們去犯法，這就不是夠不夠朋友問題了！因此我們大可不必去聽他的話。朋友首先應為對方著想，如果為了自己的利益而讓朋友去冒險，那是卑鄙的利用，完全可以理直氣壯地拒絕。

五、尊重別人就是尊重自己

在物理上，兩力之間的關係是作用力與反作用力的運作，引用到人際關係中，就是為別人付出多少，相對的也就能收穫多少人情。

我們在物理課上都學過作用力與反作用力的理論，這個理論指出，向一個物體發出多大力量時，這個物體將反作用一個相等的力，這個原則同樣可以應用到人際交往中。事實上也是這樣，當你對別人的尊重多一分時，別人對你的尊重也在增長。以下由兩個著名談判專家所講述的小故事也許可以說明這個原理：

我和一位同事去曼哈頓出差，由於在那天早上的第一個約會前有一點時間，我們可以從容地吃頓早飯。點完菜之後，我的同事出去買份報紙。過了五分鐘，他空手回來一路還搖著腦袋，含糊不清地低聲咒罵。

「怎麼了？」我問。

他回答說：「我走到對面那個書報攤，拿了一份報紙，遞給那傢伙一張十元的紙鈔。他不是找錢，而是從我腋下抽走了報紙。我正在納悶，他開始教訓我了，說他做生意不是在這個尖峰時間給人換零錢的。」

我們一邊吃飯，一邊討論這一插曲，我的同事認為這裡的人傲慢無理，都是「個性惡劣的傢伙」。飯後，我決定去試一試，讓我的同事在飯店門口看著我，我跨過馬路去。

當報攤主人轉向我時，我和氣地說：「先生，對不起，我不知道你能不能幫個忙。我是個外地人，需要一份《紐約時報》。可是我只有一張十元的鈔票，我該怎麼辦？」他毫不猶豫地把一份報紙遞給我說：「嗨，拿去吧，找開錢再來！」

我與高采烈拿了「戰利品」凱旋而歸，我的同伴搖搖腦袋，隨後他把這件事稱為「五十四街上的奇蹟」。

我順口說道：「我們這次出差任務又多得一分，一切在於方法。」

事實正是這樣，尊重他人是做人的「心機」和策略，這樣會和別人之間保持一種融洽的關係。在這種情況下，就能建立起公平和信任，並能互相交換實情、態度、感情和需要。有了這種自由的相互影響和共同分擔後，就可以找到創造性的解決辦法，從而使雙方都成為勝利者。

另一個故事發生在四〇年代中期，已故的休斯製作了一部電影《被剝奪權利者》。電影女主角是珍．拉塞爾，一位漂亮的淺黑色女郎。這個電影可能已經被人忘記了，但是電影的看板也許還記得。拉塞爾仰臥在空中的一堆乾草上。

那時候休斯迷上了拉塞爾，以致跟她簽訂了一紙一年一百萬美元的合約。

十二個月之後，她合理合法地說：「我想要我合約上約定的酬勞。」

休斯聲明他現在沒有現金，但有許多不動產。她不聽這些辯解，她只要她的錢。休斯繼續向她說明他現在現金周轉不靈，要她等一等。而拉塞爾一直指出合約的法律性，上面清楚地說明年底付款。

雙方的爭執看來是沒法和解的，終於走上訴訟一途，兩人透過各自的律師往返交涉後，原先的親密關係變成了在法庭上攻防的緊張關係。外界謠傳說，看來只能靠法律程序來解決了（請注意，這位休斯就是後來的環球航空公司，為產權爭議花過一百二十萬美元訴訟費的人）。如將這一衝突訴諸法律的話，誰將獲勝？也許律師才是唯一的勝利者。

這一衝突後來是怎樣解決的？事實上，拉塞爾很聰明地對休斯說：「啊，你我是不同的人，有不同的奮鬥目標，讓我們看看我們能不能在互相信任的氣氛下分享資訊、感覺和需要呢？」他們正是這樣做了，以合作夥伴的關係出現，讓他們之間的糾紛得到了解決，滿足了雙方的需要。

他們將原先合約的付款方式改為每年付五萬美元，分二十年付清。結果休斯解決了資金周轉困難，並獲得本金的利息；另一方面，拉塞爾的這部分所得稅逐年分期繳納，並因而降低，有了二十年的年金收入，她就不必為財務問題操心了。兩個人的相互尊重使雙方既保住了面子，又取得了勝利。要記住，跟休斯這樣的怪人打交道時，即使你是對的，你也勝不了。就個人的不同需要而論，拉塞爾和休斯都是勝利者。他們都明白打官司解決不了任何問題，反而會損失更多，兩個人也都聰明的採取了和平的方式才使雙方都取得了勝利。

六、為人寬厚，大事化小，小事化無

得饒人處且饒人。人與人之間平等相處，共同生活在這個世界，本無太大的利害衝突。但「不饒人」可以把小事變成大事，徒增許多不必要的麻煩，對誰都沒有好處。所以做人要學會寬容厚道。

做人有寬容之心是品性高尚的表現，這一點毋庸置疑。但見到別人做了不好的事，卻要替他掩藏幾分，這似乎就與人們慣用的處世原則相砥觸。而明人呂坤還認為這樣的忠厚地待人，可以使自己胸懷寬闊。有人自然懷疑呂坤，可是一點錯也沒有，這是做人的一種大智慧，古人曾多次運用。

古代南宋有一個叫沈道虔的人，家有菜園，種有蘿蔔。這天，沈道虔從外面回家，發現有一個人正在偷他家的蘿蔔，他趕緊避開，等那個人偷夠了離開後他才出來。又有一次，有人拔他屋後的竹筍，沈道虔便讓人去對拔竹筍的人說：「這筍留著，可以長成竹林。你不用拔它，我會送你更好的。」他讓人買了大筍去送給那個人，那人羞慚地沒有接受。沈道虔就讓人把大筍直接送到了那個人家裏。沈道虔家貧，常帶著家中小孩去田裏拾麥穗。偶爾遇上其他拾麥穗的人相互爭搶麥穗，他就把自己拾到的全部給爭搶的人，爭搶的人非常慚愧。

曹操的曾祖父曹節素以仁厚著稱鄉里。一次，鄰居家的豬跑丟了，而那頭豬與曹節家裏的豬長得一樣。鄰居就找到曹家，說那是他家的豬。曹節也不與他爭，就把豬給了鄰居。後來鄰居家的豬找到了，知道搞錯了，就把曹節家的豬送回來了，連連道歉，曹節也只笑笑，並不責怪鄰居。

這兩則故事裏的古人，都為「別人不好處」掩藏了幾分。沈道虔和曹節表面看來，無是無非，甚至顯得窩囊懦弱。但實際上，卻顯出了他們寬大厚道的為人。偷蘿蔔、拔筍、爭麥穗，是不好的行為，但也是人窮家貧的無奈，何必深責？替他掩藏幾分，反倒能使他自慚改過。鄰居錯認豬，儘管有自私一面，但失豬對一般人家也畢竟是大損失，情急之下錯認，也可以理解。古人一心為他人著想，寧可自己吃虧，正是胸襟寬闊、與人為善的體現。

需要明確的是，呂坤所說的「掩藏別人不好處」，是掩藏「別人」，我們的鄰居、同事、朋友的一般過錯，特別是針對我們自己所犯的過錯，是「無心之過」，而絕不是包庇犯罪之類的事，這是不能混為一談的。

對同事的一般「缺失」不採取粗魯方法來公開揭穿打擊，而是厚道待人，是要讓其自己慚愧反省，否則，就有可能傷害同事的自尊心，甚至使事情惡化。拿大陸的「文革」來說，「以階級鬥爭為綱」，對許多人的一般過錯，有些甚至根本就不是什麼過錯，無限上綱，深揭狠批，結果造成了多少人間悲劇！而現今功利社會也使許多人變得冷漠、自私、尖刻不容人，相互間缺少了信任和友善，只剩下利害關係。

沒有根據，就隨便猜疑他人的不好，這不正說明我們缺乏對他人最基本的信任，缺乏仁愛渾厚與人為善的寬大胸懷嗎？

做人原本是很簡單的事情，互相猜疑、猜忌把原本簡單的問題變得複雜，只要稍有一點寬厚之心就可抒解人與人之間的矛盾，又何樂不為？

七、人生以服務為目的

要給自己留個台階，就得施恩給別人，這是古往今來顛覆不破的大道理。

輔佐周朝建立不朽功業的姜太公，對周文王說：「天下不是一個人的天下，而是天下人的天下。同享天下利益的人得天下，獨佔天下利益的人失去天下。」又說：「獲得大勝不是靠鬥爭取得，指揮大兵而沒有創傷，與鬼神相通，微妙啊！微妙！與人同病相救，同情相成，同惡相助，同好相趨。所以沒有用兵而能取勝，沒有衝鋒而能進攻，沒有戰壕而能防守。不想取得百姓的人，卻能取得百姓；不想取得利益的人，百姓得到利益；不想取得國家的人，國家得到利益：不想取天下的人，天下得到利益。」把他人的憂慮當做自己憂慮的人，人們也憂慮他的憂慮；把他人的快樂當做自己快樂的人，人們也快樂他的快樂；以利幫助他人的人，人們也以利幫助他；以道德對待他人的人，人們也以道德回報他。這就是人之常情。

古代哲人說：「喜愛他人的人，人們也常常喜愛他。恭敬他人的人，人們也始終恭敬他。」所以說愛人也就是愛己，利人就是利己，助人就是助己，成就他人就是成就自己。反過來，刻薄他人就是刻薄自己，譭謗他人就是譭謗自己，損害他人就是損害自己。

古代做大事成大功的人，都是有「心機」的人，因為他們能成大德，得萬民。能得到大眾的相助，就能得到天助。所以說：「幫助他人就是幫助自己，周濟他人就是周濟自己。」、「輔佐幫助人的人，天賜福給助於他人的人。」這就是想成就天下大功的人，要先幫助別人的道理。

得到大眾幫助的人成功就大，得到少數人幫助的人成功就小，得不到別人幫助的人，沒有不失敗而能僥倖成功的。得到家鄉幫助的人，可以取得鄉地；得到人民幫助的人，可以取得國家；得到天下幫助的人，可以取得天下。要想得到別人的幫助，就必須先幫助別人，吃虧在前享福在後。

要想成大事，必須有成全大我的心理建設，以大局為重，自己不幫助別人，還要等別人來幫助，無異是等著天上掉下來的禮物般的痴心枉想。

八、溫柔「心機」：處理家庭的和諧法寶

在家庭中，缺少溫柔這一「心機」，家庭紛爭永遠得不到解決，做人成熟點，讓對方一寸土，結果就會得到夫妻一床寬。

溫柔是女人做人的「心機」之一。我們要說的是女人的溫柔是維繫家庭和諧的法寶，是社會上化解為難之事的最好武器。小瑜是一家報社的記者，事業心較強，常常為了跑新聞忙得不可開交，回到家中又忙碌著家務，和先生的溝通大不如前。

有一次小瑜沒出差，難得一家人都在一起度週末，兒子忽然問：「媽媽，怎麼妳在家裏，林阿姨就不來玩了？」

「林阿姨是誰？」小瑜問先生。

「是我們部門剛來的新同事。」先生不好意思，臉有點紅。

小瑜沒有再追問，只是哄著兒子說：「下次我們請林阿姨來玩，好嗎？」

小瑜想想自己對先生如此信賴，但他竟……思前想後，心裏很難受。真想和先生大吵一頓，或者離婚算了。

但過了一會，小瑜情緒冷靜下來，想到自己經常在外，對兒子和先生照顧很不夠。何況自己並不能肯定先生和林小姐的關係，如果不分青紅皂白地和先生吵鬧，反而顯得自己沒有度量了。

晚飯，她親自熟練地弄了幾個先生最愛吃的菜。

晚上等她把孩子哄睡了之後，依偎著丈夫靠在床上，輕聲地說：「我經常外出採訪，讓你一個人在家帶孩子，實在太難為你了。我不在時你肯定很寂寞，就像我孤零零一個人睡在旅館裏一樣。現在我靠在你身上才覺得好踏實，沒有你的支持，我的工作一天也做不好。」先生一聲不吭，憐愛地撫摸著小瑜的頭。

小瑜輕聲的說：「我們下週末一起請她來吃晚飯好嗎？」先生面有難色。「你還不放心我嗎？我不會讓你為難的，更不會為難她。」

週末，小瑜又一次親自下廚。林小姐來了，小瑜熱情地款待。臨走時，小瑜特地讓先生看孩子，自己獨自一人把林小姐送下樓，拉著她的手說：「怪我自己工作太認真，對周（小瑜的先生）缺乏照顧，謝謝妳常來陪我們兒子玩，也幫著照顧小周。看妳這樣溫柔可愛，不知道哪個男人會有福氣娶到妳。好了，不遠送啦，有空歡迎常來玩。」一席話讓林小姐又是感激又是慚愧。

後來，林小姐找了個帥氣的男友，他們與小瑜夫婦都成了好朋友。

小瑜沒有和先生攤牌大鬧，就是給先生施恩，體貼入微照顧先生，使本來面臨危機的夫妻關係歸於融洽。小瑜的溫柔「心機」，既照顧了先生，又成全了自己，還多了一個朋友，真是一舉數得。

九、冤家宜解不宜結

人與人之間，或許會有不共戴天之仇，但是，請記住：敵意是一點一點增加的，也可以一點一點削弱。有句老話：「冤家宜解不宜結。」同在一個屋簷下，低頭不見抬頭見，還是少結冤家才是成熟的人。

人與人之間難免會有過結，有「心機」的人會大事化小，小事化無，但化解敵意也需要有技巧的。

「如何化敵為友」，在職場上可是一門高深學問。

如果和同事曾經為一個職位爭的頭破血流，雖然今天彼此已分別為不同部門的主管，並沒有直接關係，但將來的情況又有誰曉得？所以應該為將來鋪好路。

如果只是無緣無故去邀約對方或送禮給他，太突兀也啟人疑竇，應該伺機而動才好。例如，從人事部門探知他的出生日期，在公司發動一個小型生日會，主動集資送禮物給他……記著，沒有人能抗拒好意的。

要是對方擢升新職，那就是最佳的時機了，寫一張賀卡，衷心送出祝福吧，如果其他同事替他辦慶祝會，無論多忙碌，記得要抽空參加，否則就私下請對方吃一頓午餐吧，恭賀之餘，不妨多談大家在工作方面的喜與樂，對過往的不愉快事件絕口不提，拉近雙方距離。

記著，這些親善工作必須事先抓緊機會去做，否則到了與他有直接麻煩才行動，就太遲了。

如果一直默默耕耘、盡忠職守的做事，可是公司裏的同事們有了變化，舊同事另謀高就，新同事越來越多，到頭來會發現自己有格格不入之感。那是因為一直以來不太注視周遭的人事變化，沒有刻意與他們熟絡所致。

補救的方法不困難，挑一個特別日子(必須是師出有名)，例如順利完成一個計畫或自己的生日，做東請同事吃一頓。這一頓意義重大，別忘記以下任務：乘機多瞭解每一位同事的背景，包括公與私，這對個人會有莫大好處，方便日後工作。

憑著熟絡一點，加入他們的午飯圈，當然不必天天如此，因為太做作，對個人也未必適合，安排一個星期兩天就夠了，目的是保持一定的聯繫，同時可獲取公司內一定的情報。除了午飯，下班後去娛樂一番也是好主意，遠離了辦公室，所有人都會放輕鬆，談起話來也隨意得多，更容易熟絡。

此外，工作方面，無論多熟稔，還應公事公辦，但自己有空不妨多向同事伸出援手，主動一點是必須的！

人是感情的動物，在愉快的氣氛下工作可收事半功倍之效，不妨多關心別人，體貼別人，增加親切感，做起事來就更順暢。從今天起，努力做個受人歡迎的同事吧！將來升遷的機會也相形大增！

笑容是最犀利的武器。當拜託同事處理檔案，說聲「麻煩你」，加上一個笑容，他也會感染到友善的氣氛，而特別努力；或者同事把計劃書做好，別忘記謝謝他和微笑一下，這不但是禮貌也是感謝的表示。任何人都喜歡得到讚美。說一些別人愛聽的話，只要不是謊話，便不算昧著良心。切莫對同事大嚷大叫，這不但不禮貌、不友善，還表示缺乏信心。

當我們遇到困難的工作，情緒低落時，更需要微笑，拋開煩惱，跟同事們談笑，藉此把惡劣心情沖淡，讓精神重新聚焦到工作上。

不要自掃門前雪。如果同事需要幫忙，盡力而為，不應吝嗇，即使不會立刻獲得回報，但這種投資是不會白費的，至少也會被認為是個好人。

如果做錯了事，而且連帶影響到別人，要趕快道歉！勇於認錯的人並不多，這樣做自然給對方留下深刻印象。還有，經常設身處地去感受他人的情境，再給予支援，沒有人會不喜歡的。

與同事在工作上持不同意見，又互不相讓，以致言語上有衝突，捫心自問是不是過分坦白壞了事。而最失敗的一點是，爭執時還數落過去三個月來這位同事做過的所有錯事。事後雖然感到後悔不已，希望把壞情況扭轉，並願意向對方道歉，可是，同事似乎仍處於極度失望和苦惱當中，此時只覺歉疚更深。其實，最佳和最有效的策略是，簡單而誠懇地道歉：「對不起，當時實在有點過分，個人保證不會有下一次。」

要是重提舊事，企圖狡辯些什麼，只會引起另一次衝突，同時，更顯得缺乏誠意，從此得不到別人的信任。切記，我們的目標是將事情和緩下來，與同事化敵為友。所以，最好靜待對方心情好轉或平和些時，正式提出道歉。

所謂冤家路窄，通常我們的死對頭，或者曾經結過怨的人，會陰錯陽差地被調派到自己的部門來，而且往後的工作關係密切。事實既然擺在眼前，我們就必須好好處理以免旁生枝節，影響升遷。

要一個人忘記怨恨，並不是那麼容易的事，但有幾項原則，倒是可以自我提醒的。

首先，無論哪一次結怨，誰是誰非，也不要在工作時一併討論，從此隻字不提，以免雙方公私不分。要是對方先觸及瘡疤，請平心靜氣，緊盯著他說：「我不會記著過去不愉快之事，尤其是在工作時間內，避免影響自己的情緒。」

或許以往與夥伴工作，一切講默契、推心置腹，但對這位新同事，就必須做到大公無私，事事講清楚，以免有所誤解，導致不愉快事件，或心病加重。例如交待一件任務，必須清楚指出任務的目標、完成日期和報告書的規格等等，以免事後各有話說。

總之，抱著「冤家宜解不宜結」的準則來對待一切人和事，相信沒有人會拒誠懇於千里之外。

十、君子有成人之美，不乘人之危

成人之美是君子的行為，這才顯得做人之成熟，而小人，多乘人之危、落井下石，突顯其世故的一面。

孟子說：「堯把需要舜這類的賢人，當作自己的憂慮，舜把需要禹、皋陶這類的賢人，當作自己的憂慮，農民把百畝田地耕作不好，當作自己的憂慮。把財物獎賞給他人就是恩惠，把美好的品德傳授給他人就是忠誠，為天下推薦賢才就是仁義。所以把天下委託給他人容易，為天下尋求賢才就困難。」能為天下選得人才的人，不僅要使一人歸服，而且要使天下人都歸服，使後代人也歸服。

要想晉用人才，就要善用「心機」，成人之美，稱人之善。孔子說：「君子成人之美，不成人之惡，小人則相反。」又說：「毀人的善以為善，狡奸懷詐以為智，希望他人出過錯，恥於學習又羞於無能，這就是小人。」稱讚人的長處，成就人的美德，都能使人產生一種由衷的喜悅。

掠人之美，作為自己的美；貪人之功，作為自己的功；竊人之善，作為自己的善，這都是應該受到嚴厲譴責的。顏之推說：「凡是有一個字可取於人的人，都要顯示他稱讚他，不能偷竊他人之美作為自己的美。」李翺說：「古代的君子，對於他人的善，害怕不能知道；既知道了，又恥於不能稱讚他；能稱讚他，又恥於不能成就他。」

要想做到這樣，就得依靠大功力、大涵養，並深深地體會到我稱讚人們，人們也會稱讚我；我成就他人，他人也會成就我；我為人人，人人為我的哲理。要成人之美，就要善於推舉人，善於成就人。成就他人之美，也就是說他人有計劃、有圖謀、有事業、有作為、有請求，只要能力所及的，都給予支援、同情、幫助，促使他功成業就。千萬不可自掃門前雪，不肯為他人出力量、出財物，袖手旁觀，讓他去自生自滅、自成自敗。

要想到他的成就，就像我的成就，他能立，就像我的立，這就是為天地間造就人才的大氣度。推舉的人不及我，推舉之後要使他趕上我，再使他超過我，即使居我之上，也沒有嫉妒之心。這時候，千萬不能產生嫉妒人才的心理。

為天下舉才，就要為天下惜才，這只有大德大仁的人才能做到。從領袖人物的角度來說，更需要這一點，把為天下選拔人才作為自己的第一件事來做。鮑叔牙推舉管仲，致使齊桓公稱霸天下。管仲病時，桓公問他誰可以接替他，但管仲因平常沒有留心接班人，而無言回答。桓公便以易牙、開方、豎刁來問，管仲說：「易牙為了適應君主而殺子，沒有人情，不能用；開方背親而事君，也沒有人情，不能用。豎刁自宮以事君，同樣沒有人情，還是不能用。」

桓公就得到身死不葬的下場，齊國的霸業也就墜落了。管仲的失敗就在於沒有成人之美。

宋朝時期，王沂公掌管大權，所有升官的人，都要經過他挑選才行。范仲淹乘機諷刺他說：「使天下士人得到重用是宰相的責任，王沂公的盛德唯獨缺少這一條。」王沂公說：「執政而想使恩歸於己，這個怨恨歸誰呢？」范仲淹佩服他的這句話，後代的人也承認這種說法。

李方做宰相時，有來求職的，見他的才不可用，就正色拒絕他。已經選用的，或是不能用，必然和顏悅色地待他。學生們問原因，他回答說：「用賢才，是君主的事，如果接受了他的請求，這就是施恩，所以我一概拒絕，使恩歸君主。他得不到取用，就大失所望，如果沒有好的語言來對待他，就是取怨之道。使他知道不能成就的原因，更加勤勉地進取。」從這裡，我們可以看出他的宏大溫和，公忠體國，成人之美，也成全了自己的名聲。

第二章

話不能說絕，口無遮攔難成大事

做人要有「心機」，很多時候體現在語言上，有些人話說得斬釘截鐵，信誓旦旦，卻又口無遮攔，輕許承諾，結果做到的少，跳票成為家常便飯，最終累得自己半死，還遭人討厭，實在是吃力不討好，費心還傷神。

一、語為心聲，不要口不擇言

做人是否有「心機」，還表現在說話上。有「心機」的人不會口不擇言胡亂說話。但說話也不是件容易的事，要長久的實踐才能練出良好的說話功夫。

「你會說話嗎？」這樣問你，你一定覺得可笑，只要是正常人，說話誰不會？

實際上，問題並沒有那麼簡單。誰都會說話，但有人說話總是沒有「心機」，口不擇言，像機關槍掃射，一陣狂掃，只顧自己快活，不顧別人死活。

我們還是先看幾個笑話：

一位剃頭師傅家被洗劫。第二天，剃頭師傅到老主顧家剃頭，愁容滿面。老主顧問他為何發愁，師傅答道：「昨夜被強盜將我一年積蓄劫去，仔細想來，好像是替強盜剃了一年的頭。」主人怒而逐之，換另一剃頭師傅。這師傅問：「先前有一師傅服侍您，為何另換小人？」主人就把前面發生的事細說了一遍。這師傅聽了，點頭道：「像這樣不會說話的剃頭人，真是砸自己的飯碗。」

在壽宴上，客人同說「壽」字酒令。一人說「壽高彭祖」，一人說「壽比南山」，一人說「受福如受罪」。眾客道：「這話不但不吉利，且『受』字也不是『壽』字，該罰酒三杯，另說好的。」這人喝了酒，又說道：「壽夭莫非命。」眾人生氣地說：「生日壽誕，豈可說此不吉利話。」這人自悔道：「該死了，該死了。」

有一人請客，四位客人有三位先到。這人等得焦急，自言自語說：「哎，該來的還沒來。」客人聽了，心中不悅：「這麼說，我就是不該來的來了？」告辭走了。主人著急，說：「不該走的又走了。」另一客人也不高興了：「難道我就是那該走又賴著不走的？」一生氣，站起身也走了。主人苦笑著對剩下的一位客人說：「他們誤會了，其實我不是說他們……」最後一位客人想：「不是說他們那就是我了。」主人的話未完，最後一位客人也走了。

由此看來，如果我們說話時不加檢點，就可能傷人敗興，引起誤解，惹怨招怒。千萬要注意說話的場合、對象、氣氛，不要口不擇言，想說就說。像有些人去菜市場，問賣肉的：「老闆，你的肉多少錢一斤？」或餐廳服務生上一盤香腸，說：「先生，這是你的腸子。」這類生活中的笑話，我們要注意避免。

明人呂坤認為，說話是人生第一難事。像上面所說的情況，還不是太難的。只要注意語言修飾，慢慢就會改善我們說話的紕漏和不足之處。說話難，最要命的就是說真話、說實話太難。

大陸中央電視台曾開辦了一個《實話實說》的節目，主持人崔永元談到了做節目遇到的一些事。他說，現在世道變了，「文字獄」時代已成往事，說真話已不會闖下大禍，但「說實話免遭迫害，可不一定能免遭傷害」。《實話實說》單元請過幾百位座上客來侃侃而談，結果呢？一位座上客因此被評不稱職，原因是：「喜歡拋頭露面不鑽研業務」。另一位是研究所副所長人選，因做節目耽誤了前程，理由是：「節目中的觀點證明此人世界觀有問題」。一報社記者參加節目一經播出，立刻感到人言可畏，人們說他出風頭，什麼都敢說，噁心。另一電台記者回去後被主管審查，認為他一定是拿了許多錢才會那麼說。還有一位老年女性在節目中真誠表露了自己的人生感受，結果好多人打聽她是不是神經病……

崔永元苦惱地說：「所以連我們自己有時都懷疑，節目到底能做多久？」他也體會到了「人生只有說話是第一難事」。

生活中見人說人話，見鬼說鬼話的實在太多了。明明是這麼回事，有人偏偏說成那麼回事。剛才還這樣講，一回頭又那樣講了。這樣隨風轉舵，見人說人話，見鬼說鬼話，言不由衷，自欺欺人，讓生活充滿了虛偽與猜忌何其辛苦。

說話難，但也不能就此閉口不言，學會怎樣說話就成為很重要的事了。技巧其實是可以透過學習而養成，但這並不意味著我們可以放棄原則，指鹿為馬，曲意逢迎。如果違心地說話，那技巧就變成了惡行。

崔永元說得好：「也許有一天我們會討論技巧，我們用酒精泡出了經驗，我們得意地欣賞屬於自己的一份嫻熟時，發現我們丟了許多東西，那東西對我們很重要。」

說話不堅持原則，丟掉的就是人格。

說話這事，小孩子不會覺得難，怎麼想就怎麼說。只有大人們覺得是道難題。大人們說話知道要左顧右盼，思前想後，知道掂量和玩味，但是單純的孩子們的字典裏還沒有這許多辭彙，自然也就沒有這一方面的困擾。那麼，如果我們實在想說，如鯁在喉，不吐不快，又不知道該怎麼說時，怎麼辦？崔永元出了個主意：那就實話實說，就像來自德國的教練施拉普納對大陸足球運動員說的：「當你不知道該把球往哪裡踢時，就往對方球門裏踢！」

這是解決說話難的最終辦法，曲意逢迎只能避開一時的麻煩，得到的是良心上的永久不安。但是切忌口不擇言，講究一下「心機」，實在不能說，寧可保持沈默。

二、管好舌頭，不該說的不亂說

舌頭是人之利器，也是人之禍害。無論你是吃硬飯還是吃軟飯，舌頭能幫你也能害你。所以，管不好自己的舌頭，就要面臨禍從口出的災難！

有些人心裏藏不住話，聽到什麼，看到什麼就愛四處傳播，這是一個很大的缺點，有句俗話：「病從口入，禍從口出。」許多是非往往是我們逞口舌之能所造成的。

說話一定要看場合，看時機。如果說話不看場合，不講究方法，不分責任，不考慮結果，往往惹出是非和麻煩來。現今年輕人社會閱歷少，經驗不足，愛說敢說，如果不注意控制，就容易因話惹禍。不管是有心還是無心，不加節制，最後將因話多失言而惹禍上身。

在我們的日常生活中，舌頭惹出的風波太多了。不負責任的瞎說中傷，毫無根據的懷疑猜測，不經調查的輕信亂傳，三姑六婆似的閒言雜語，都會給許多人造成痛苦和煩惱，也給社會增添許多是非和不幸。當然給別人帶來不幸的同時，往往最終自己也受到惡報。

「害人的舌頭比魔鬼還厲害……上帝仁慈為懷，特地在舌頭外面築起一排牙齒，兩片嘴唇，好讓人們在開口講話之前多加考慮。」這是文學家的語言，意思是說我們在說話之前要多加考慮，要負責任，不能出口傷人，損害別人。其實，言為心聲，語言受思想支配，反映一個人的品德。不負責任，胡說八道，造謠中傷，搬弄是非等等，都是不道德的。能管住自己的舌頭就做人成功一半了。

三、沈默就是最佳的反駁

沈默是「心機」中的「心機」，更是沒有「心機」的「心機」。當我們不願與人交談，可以選擇沈默；當不懂怎樣與人交談，也可以選擇沈默。

某公司有一個女孩子，平日只是默默工作，並不多話，和人聊天總是微微笑笑的。

有一年，公司裏來了一個好鬥的女孩子，很多同事在她主動發起攻擊之下，不是辭職就是請調。

最後，矛頭終於指向了這個女孩子。某日，這位好鬥的女孩子抓到了那位一貫沈默的女孩子的把柄，立刻點燃火藥，劈哩叭啦一陣子，誰知那位女孩只是默默笑著，一句話也沒說，只偶爾蹦出一個字：「啊？」最後，好鬥的那個主動鳴金收兵，但也已氣得滿臉通紅，一句話也說不出來了。

過了半年，這位好鬥的女孩子也自動請調。

你一定會說，那個沈默的女孩子「心機」實在太好了，其實不是這樣，而是那位女孩子聽力不太好，理解別人的話不至有困難，但總是慢半拍，當她仔細聆聽你的話語並思索你話語的意思時，臉上又會出現「無辜」、「茫然」的表情。你對她發作那麼久、那麼賣力，她回你的卻是這種表情和「啊？」的不解聲，難怪要鬥不下去，只好鳴金收兵了。

這個故事說明了一個事實：「沈默」的力量是何其的大，面對「沈默」，所有的語言力量都消失了！

只要有人的地方，就會有衝突。人類社會跟自然界一樣存在著弱肉強食，能和平相處才是怪事，因此隨時要有面對不懷善意的力量的心理準備；我們固然可以不去攻擊對方，但保護自己的「防護網」一定要有，而裝聾作啞有時是最厲害的武器。

又聾又啞的人聽不懂別人的話，自然也不會加入衝突，別人自然也不會和他們爭執，因為這只是徒勞。

不過大部分人既不聾又不啞，一聽到不順耳的話就自然而然地回嘴，只要一反擊就中了對方的計，不回嘴，他自然就覺得無趣了；他如果還一再挑釁，只會凸顯他的好鬥與無理取鬧罷了，因此面對沈默，這類人多半會在幾句話之後就倉皇地「且罵且退」，離開現場，如果還能裝出一付聽不懂的樣子，並且發出「啊？」的聲音，那麼肯定更能讓對方徹底「敗走」。

不過，要「作啞」不難，要「裝聾」才是不易，因此也要培養對他人言語「入耳而不入心」的功夫，否則心中一起波瀾，要不回他一二句還真是很難的。

學習裝聾作啞，可以不戰而勝，也可避免自己成為別人的目標，而習慣裝聾作啞，也可避免自己去找人麻煩，是為人處世的絕妙方法。

四、閒談不搬弄是非

閒談最能考驗一個人的做人，老是搬弄是非的人，就是最是非之人。

在談話中，我們可以獲得知識，增進情感。然而，在閒談中，有時也會發生擦槍走火的不好結局，這說明閒談的負面效應不可等閒視之。

「病從口入，禍從口出」，道理誰不曉得？有時口舌的禍害危險性的確不小，一句不負責任的話，說不定使人喪失生命，這絕不是危言聳聽。

生活中有那麼多人喜歡閒聊八卦，很讓人討厭。比如某甲聽到某少女不倫的謠言之後，當成八卦消息到處傳播，這無形中給那無辜少女巨大的壓力，而很可能釀成無端的悲劇，如此傳播小道消息的人極不負責任，且不道德。

閒談中，盡量迴避對方忌諱的事。被擊中痛處，對任何人來說，都不是令人愉快的事。不去提及他人弱點，是做人應有的美德。

一般人在盛怒之下，通常不會擴散憤怒的波紋，但也有人會在暴怒下拿起手邊的玻璃杯往地上摔。玻璃杯摔完了就沒有其他東西可丟，所以充其量也只不過是自己損失幾個杯子而已。換句話說，只要不傷害別人，發多大的火，說什麼話都沒有關係。

可是，商場上或一般社會實則不然！平日相當友善的同伴，雖不至於大吼：「殺掉那傢伙！」但因個人的立場和利害關係，極有可能會演變成「封殺」的結果。有些人為了公司的前途，不得不犧牲別人。對於商場來說，「封殺」意味著調職、冷凍、開除等人事變動的宣告。就商界而言，「封殺」就是代表雙方的拒絕往來或「關係凍結」。

所以，我們可以由此得知，無論人格多高尚多偉大的人，身上都有「逆鱗」存在。只要我們不觸及對方的「逆鱗」，就不會惹禍上身，還能平步青雲。所謂的「逆鱗」就是我們所說的「痛處」，也就是缺點、自卑感。在人際關係上，我們有必要事先研究，找出對方「逆鱗」所在，以免說話的時候誤入雷區而生事端。

說話的時候一定要自我警惕：禍從口出，我們不妨從下面幾個方面去注意：

※ 兩個人交談，盡量避免談論第三者，如果所談之事不可避免地涉及他人，也要掌握分寸，與事有關的方面可以談，而且只限於此。

※ 在與人閒談中，不嘲笑對方的一時失態，不批評對方的一時失誤。經常給別人留下台階，才是真正的君子之風。久而久之，自然會成為一個寬宏豁達、胸襟磊落的人。這樣將容易受到大家的歡迎，做起事來也比較容易。

五、開玩笑宜笑不宜損

別以為玩笑開起來不需要深思熟慮，不需要「心機」，其實，開玩笑花的智慧才多！

一家出版社裏的一位男性新婚不久，大概是心情愉快，生活穩定吧，人漸漸胖了起來，和婚前差了很多。有一天，一位女同事的先生來，他和那位日漸發胖的同事是舊識，大家聊了一會兒，女同事的丈夫突然對新婚的同事說：「你怎麼搞的，胖得這個樣子，滿臉橫肉，像肥豬一樣。」大家聽了笑了起來。

那位同事立即變了臉色，一言不發。等笑他胖的那個人走了，他才爆發開來，大罵他說話惡毒。女同事送走她先生回來，立即賠不是，但是場面已經尷尬到不行了。

好朋友彼此間開玩笑，有點過但無傷大雅就可以了，但那女同事的先生的用詞的確超過了讓人可接受的程度，難怪人受不了。後來呢？被笑胖的那位同事和笑人胖的那位先生再也沒有來往過。所以，開玩笑、損人應有分寸，否則傷害人、得罪人而不自知，那才得不償失。

當然，玩笑的過火是避免不了的，但也不能因為如此就拒絕玩笑，整天一本正經。因為這樣反而會造成人際間的隔閡。開玩笑之前，確實應有些認識：

再豁達隨和的人也有自尊心，他也許可以不在乎一百次一千次的玩笑和嘲弄，但不能忍受他在乎的人或事被開玩笑、嘲弄，若搞不清楚他的好惡，開了不得體的玩笑，他就算不發作，也會記在心裏。人不可能完全瞭解另一個人，所有的玩笑並不是所有的人都可以開的。更何況有人天生敏感，容易受傷，你認為好玩的，他才不認為好玩，也就是說，開玩笑要看人。

喜歡開玩笑或嘲弄別人的人常不知不覺就過了頭，因此要開玩笑之前應先三思，以免出口成刀，傷害他人。總之，涉及人身的、有批評意味，和敏感問題及隱私問題有關的玩笑要少開，寧可不開玩笑，也不要讓人不愉快，如果硬要開玩笑，不如開自己的玩笑。

六、口頭上的勝利是做人的悲哀

口頭上的贏不叫做贏，處處與人抬槓，那是做人的悲哀。

有一種人，反應快，口才好，心思靈敏，在生活或工作中和人有利益或意見的衝突時，往往能充分發揮辯才，把對方辯得臉紅脖子粗，啞口無言。

長此以往，這種人就形成了一種習慣：不管自己有理無理，一要用到嘴巴，他絕不會認輸，而且也不會輸，因為他有本事抓你語言上的漏洞，也會轉移戰場，四處攻擊，讓你毫無招架之力；雖然你有理，他無理，但你就是拿他沒辦法。

在辯論會、談判桌上，這種人也許是個人才，但在日常生活和工作場合中，這種人反而容易吃虧，因為日常生活和工作場合不是辯論場，也不是會議場和談判桌，面對的可能是能力強但口才差，或是能力差口才也差的人，即使辯贏了前者，並不表示觀點就是對的，如果辯贏了後者，也只凸顯為辯而辯而且沒有「心機」罷了。

一般常見的情形是，人們雖然不敢在言語上交鋒，但對的事情大家心知肚明，反而會同情「辯」輸的那個人，如果得理還不饒人，把對方「趕盡殺絕」，讓他沒有台階下，那麼只是種下一顆仇恨的種子，絕對有害無益。

有好口才不是壞事，但運用不當則會壞事，因此若有好口才，以下建議請參考：

※ 把口才用來說明事理，而不是用來戰鬥。不過當有人攻擊時，當然可以「自衛」。

※ 有好的口才，也必須要有相對的內涵，否則別人會笑說全身只有「舌頭」最發達。

※ 要駁倒對方，捍衛自己的意見時，點到為止即可，切莫讓對方「無地自容」，換句話說，要給對方台階下。

※ 如果被別人得罪，雖然理直氣壯但也不必把對方罵得狗血淋頭。

※ 若自己的觀點有錯，要勇於認錯，並接受對方的指正，切莫用辯論的技巧死命反擊，因為黑就是黑，白就是白，硬辯只會讓人瞧不起。

好口才再配上好的「心機」，這樣的人無疑會很有影響力，如果空有好口才而不知收斂，跟隨而來的損失是無以計數的。因此善用口才並將口才用在適當時機，既助人且利己。

七、說話委婉讓人如沐春風

說話直來直往，沒有「心機」，不僅會傷人自尊，也會反傷自己，所以委婉表達，就能讓人感受到如沐春風的溫存。

做人正直是必要的，但說話一味正直，不加修飾就不太可取，因為不識時務的直言直語如同反面說話一樣，是一種消極和否定的語言暗示，不是讓人反感不已，就是使人顧慮重重，增加心理壓力，而恰當得體的委婉說話，意味著積極的語言暗示，讓人如沐春風般的心悅誠服。

如果醫生幫人看病，遇到病情較嚴重而又拖延就醫的病人，就直言說：「你怎麼瘦成這樣！臉色也很難看！」、「你知道你的病已經到了什麼地步了嗎？」、「哎呀！你是怎麼搞的？你這個病為什麼不早點來看呢？」這些說法所包含的負面作用，會使病人怎麼想呢？

相反，如果換一種方式，醫生說：「幸好你及時來看病，只要你按時吃藥，多注意休息，少胡思亂想，你就能夠很快會好起來的。」這無疑是給病人最大的鼓舞。

又比如，當太太買了一件衣服，徵詢先生的意見，先生覺得太太穿這件衣服不太合適，如果先生不尊重、體貼太太的心情，可能就赤裸裸地說：「我看妳的審美觀真的有問題，一大把年紀了還穿這麼鮮豔的衣服，活像個老巫婆了？」這樣尖銳、貶損的話必定會傷害太太的自尊心。換種方式來說，如果做丈夫的尊重體諒妻子的心情，就會把否定的意見說得委婉得體，給予暗示：「不錯，顏色真鮮豔，給女兒穿，那是很漂亮的。」

當拜訪朋友，主人熱情地拿出水果、零食招待，如果毫不修飾地說：「不吃，不吃，我從來就不喜歡吃零食，再說我才剛吃完飯，肚子飽得很，哪還有胃口吃這些東西。」這樣不僅讓人掃興，而且還傷了主人真心款待的熱情。你應該體諒到主人的一片熱情和好意，委婉地說：「謝謝，謝謝！這水果真是鮮美，只可惜剛吃完飯，胃還撐著，實在沒有口福享用！」

總之，委婉說話不僅是一種策略，也是一門做人的藝術。說話委婉含蓄是做人有「心機」的必要條件，也是待人圓融的表現。

做個現代人懂得得體的說話技巧，確實可以為自己爭取更多的人脈關係，為將來鋪設一條平坦的道路。

八、爭辯不能消除錯誤，只會加深怨恨

謝爾蓋維奇曾說過：「懦弱愚蠢的人，才喜好激動和大吵大嚷，聰明能幹的人，隨時都能保持自己的尊嚴。」

第二次世界大戰剛結束的一天晚上，美國人戴爾·卡耐基在倫敦得到了一個極有價值的教訓。當時他是羅斯·史密斯爵士的私人經紀。大戰期間，史密斯爵士曾任澳大利亞空軍戰鬥機飛行員，被派在巴勒斯坦工作。歐戰勝利締結和約後不久，他以三十天飛行半個地球的壯舉震驚了全世界。這項從來沒有人完成過的壯舉，確實引起了很大的轟動。澳大利亞政府頒發給他五千美元獎金，英國女王授予他爵位。有一天晚上，戴爾．卡耐基參加一次為推崇他而舉行的宴會。宴席中，坐在戴爾．卡耐基右邊的一位先生講了一段幽默故事，並引出了一句話，意思是：「謀事在人，成事在天」。

他說那句話出自聖經，但是他錯了。戴爾．卡耐基知道，且很肯定地知道出處。為了表現出優越感，戴爾．卡耐基很不客氣地糾正他。

他立刻反唇相識：「什麼？出自莎士比亞？不可能，絕對不可能！那句話出自聖經。」他自信確定如此！

那位先生坐在右座，戴爾．卡耐基的老朋友弗蘭克．格蒙在卡耐基左側，他研究莎士比亞的著作已有多年。於是，戴爾．卡耐基和那位先生都同意向他請教。格蒙聽了，在桌下踢了戴爾．卡耐基一下，然後說：「戴爾，這位先生沒說錯，聖經裏有這句話。」

那晚回家路上，戴爾．卡耐基對格蒙說：「弗蘭克，你明明知道那句話出自莎士比亞。」

「是的，當然，」他回答，「哈姆雷特第五幕第二場。可是親愛的戴爾，我們是宴會上的客人，為什麼要證明他錯了？那樣會使他喜歡你嗎？為什麼不給他留點面子？他並沒問你的意見啊！他不需要你的意見，為什麼要跟他抬槓？應該永遠避免跟人家正面衝突。」

天底下只有一種能在爭論中獲勝的方式，那就是避免爭論。十之八九，爭論的結果會使雙方比以前更相信自己絕對正確。要是輸了，當然你就輸了；即使贏了，但實際上你還是輸了。為什麼？如果你的勝利，使對方的論點被攻擊得千瘡百孔，證明他一無是處，那又怎麼樣？你會覺得洋洋自得，但他呢？他會自慚形穢，你傷了他的自尊，他會怨恨你的勝利。而且，一個人即使口服，但心裏並不服。

正如明智的班傑明．佛蘭克林所說的：「如果老是抬槓、反駁，也許偶爾能獲勝，但那只是空洞的勝利，因為永遠得不到對方的好感。」

因此，自己要衡量一下，寧願要一種字面上的、表面上的勝利，還是要獲得別人的好感？

威爾遜總統任內的財政部長威廉·肯羅以多年政治生涯獲得的經驗，說了一句話：「靠辯論不可能使無知的人服氣。」

拿破崙的家務總管康斯坦在《拿破崙私生活拾遺》曾寫說，拿破崙常和約瑟芬打撞球：「雖然我的技術不錯，但我總是讓她贏，這樣就能讓她非常高興。」我們可以從中得到一個訓示：讓我們的同事、朋友、丈夫、妻子，在瑣碎的爭論上贏過我們。

爭辯不可能消除誤會，而只能靠技巧、協調、寬容，以及同情的眼光去看別人的觀點。

林肯有一次斥責一位和同事發生激烈爭吵的青年軍官，他說：「任何決心有所成就的人，絕不會在私人爭執上來耗時間，爭執的後果，不是他所能承擔得起的。而後果包括發脾氣、失去自制。要在跟別人擁有相等權利的事物上，多讓步一點；

而那些顯然是你對的事情，就讓的少一點。與其跟狗爭道，被牠咬一口，不如讓牠先走。因為，就算宰了牠，也治不好你的咬傷。」

九、不慎失言應及時彌補

人在生活當中，總有說話不當或做事不當的時候。發生這些事的時候，最重要的就是鎮定自若，處驚不變，積極尋找措施補救。

「人有失足，馬有失蹄。」失足了可以再站起來，失蹄了可以重新振作，而失言則可以用妙語去彌補。只要有「心機」，其實可以補得天衣無縫。

作為空姐的朱小姐常常接受嚴格的語言訓練，儘管這樣，她有時還是不免失言。

有次在班機上，她和往常一樣本著顧客至上的服務精神，熱情地詢問一對年輕的外籍夫婦，是否需要為他們的幼兒預備點早餐。那位男顧客出人意料地用華語答道：「不用了，孩子喝的是母奶。」

沒有仔細聽這位先生的後半句話，為進一步表示誠意，朱小姐毫不猶豫地說：「那麼，如果您孩子需要用餐，請隨時通知我好了。」

他先是一愣，隨即大笑起來。朱小姐這才如夢初醒，羞紅了臉，為自己的失言窘得不知如何是好。

「人有失足，馬有失蹄。」在人們的交際過程中，無論凡人名人，都免不了發生言語失誤。雖然其中原因有別，但它造成的後果卻是相似的，或貽笑大方，或糾紛四起，有時甚至不堪收拾。

那麼，能不能採取可能的補救措施，去避免言語失誤所帶來的難堪局面呢？答案回答是肯定的。

歷史上和現實中許多能言善道的名人，在失言時仍死守自己的城堡，因而慘敗的情形不乏其例。比如一九七六年十月六日，在美國福特總統和卡特共同參加的，為總統選舉而舉辦的第二次辯論會上，福特對《紐約時報》記者馬克斯·佛朗肯關於波蘭問題的質問，做了「波蘭並未受蘇聯控制」的回答，並說：「蘇聯強權控制東歐的事實並不存在。」這一發言在辯論會上屬於明顯的失誤，當時遭到記者立即反駁。但反駁之初佛朗肯的語氣還比較委婉，意圖給福特可以改正的機會。他說：「問這一件事我覺得不好意思，但是您的意思難道在肯定蘇聯沒有把東歐納為其附庸國？也就是說，蘇聯沒有憑軍事力量壓制東歐各國？」

福特如果當時明智，就應該承認自己失言並偃旗息鼓，然而他覺得身為一國總統，面對著全國的電視觀眾認輸，絕非善策，於是繼續堅持，一錯再錯，結果為那次即將到手的選舉付出了沉重的代價。刊登這次電視辯論會的所有專欄、社論，都紛紛對福特的失策做了報導，他們驚問：

「他是真正的傻瓜呢？還是像隻驢子一樣的頑固不化？」

卡特也乘機把這個問題再三提出，鬧得天翻地覆。

有「心機」的人在被對方擊中要害時，絕不強詞奪理，他們或點頭微笑，或輕輕鼓掌。如此一來，觀眾或聽眾弄不清葫蘆裏藏的是什麼藥。有的從某方面理解，認為這是他們服從真理的良好風範；有的從另一方面理解，又以為這是他們不做無謂辯解的豁達胸懷。而究竟他們認輸與否尚是個未知的謎。這樣的辯論家即使要說也能說得很巧，他們會向對方笑道：「你講得好極了！」

相比之下，雷根的表現就顯得很有「心機」。

一次，美國總統雷根訪問巴西，由於旅途疲憊加上年歲又大，在歡迎宴會上，他脫口說道：

「女士們，先生們！今天，我為能訪問玻利維亞而感到非常高興。」

有人低聲提醒他說溜了嘴，雷根忙改口說：

「很抱歉，我們不久前訪問過玻利維亞。」

儘管他並未去玻國，當那些不清楚情況的人還來不及反應時，他的口誤已經淹沒在後來滔滔的大論之中了。這種將說錯的地點時間加以掩飾的方法，在一定程度上避免了當面丟臉，不失為補救的有效手段。只是，這裡需要的是及時發現、巧妙改口的語言技巧，否則要想化解難堪也是困難的。

在實踐中，遇到失言這種情況下，有三個補救辦法可供參考：

1、「移植法」。

就是把錯話移植到他人身上。比如說：「這是某些人的觀點，我認為正確的說法應該是……」這就把自己已出口的某句錯誤糾正過來了。對方雖有某種感覺，但是無法認定是你說錯了。

2、「引伸法」。

迅速將錯誤言詞引開，避免在錯中糾纏。就是接著那句話之後說：「然而正確的說法應該是……」或者說：「我剛才那句話還應該做如下補充……」。這樣就可將錯話抹掉。

3、「改義法」。

巧改錯誤的意義。當意識到自己講了錯話時，乾脆重覆肯定，將錯就錯，然後巧妙地改變錯話的含義，將明顯的錯誤變成正確的說法。

十、兩難問題，似是而非好解脫

面對別人的刁難，面對兩難問題，不必去苦思冥想，只要以其人之道還其人之身，用似是而非的語言去解脫，讓對手去承受自己設計的圈套。

說話本應準確、清楚。但在語言的實際運用中，許多話是有其模糊性的。所以現實生活中有些話不必要、也不便於說得太直、太死。

王元澤是宋朝著名政治家、文學家王安石的兒子，在他才幾歲時，有一個客人把一頭獐和一頭鹿同時放在一個籠子裏，問王元澤哪一頭是獐，哪一頭是鹿。王元澤回答說：「獐旁邊的那頭是鹿，鹿旁邊的那頭是獐。」王元澤的回答固然沒有錯。但是，王的回答是含糊其辭的，因為他沒有確實地指明哪頭是獐，哪頭是鹿。然而妙也就妙在這「含糊其辭」上，王元澤如果老老實實地回答「不知道」，那就顯示不出他的聰穎和機智，也不可能引起客人對他的才華的讚賞了。

一個財主晚年得子，非常高興。生日那天，大家都來祝賀。財主問客人說：「這孩子將來怎麼樣？」客人甲說：「這孩子將來能當大官！」財主大喜，給了賞錢。財主又問第二個客人說：「這個孩子將來怎麼樣？」客人乙說：「這個孩子將來要發大財！」財主又賞了錢。財主又問第三個客人說：「這個孩子將來怎麼樣？」客人丙說：「這個孩子將來要死的。」財主氣極了，把他打了一頓。說假話的賞錢，說真話的挨打。既不願說假話，又不願挨打，怎麼辦？只好說：「啊呀，哈哈，啊哈，這孩子，哈哈……」

法國著名的革命家弗朗斯瓦．諾埃爾．巴貝夫，一七九七年在凡多姆高等法院法庭上受審時辯護說：「當我第一次受審時，我曾鄭重地提出保證，我要偉大地、莊嚴地來維護我們的事業，這樣，我才對得起法國的真誠朋友，我才對得起自己。我一定會遵守我的諾言……」

「自由的精神，我是多麼感激你！因為你使我處於比所有其他的人更為自由的地位。我所以是更為自由，正是因為我身上背著鐵鏈。我所要完成的任務是多麼美好！我所維護的事業是多麼崇高！它只許我說出真理而這也正是我要的。即使我的內心感覺沒有對我指點出真理，這項事業會迫使我說純粹的真理。正是因為我身上背著鐵鏈，我在無數被壓迫者和受難者之前，有發表自由意見的優先權……」

「我們雖然關在牢籠裏，並受殘酷的折磨，但只要我們還能得到那崇高的事業的支持，我們便有責任公開宣布我們所熱愛的真理……」

巴貝夫就這樣在法庭宣揚了革命理想，這種充滿戰鬥激情的語言，每個人都知道所講的內容，但也沒有明說，不失雄辯的力量。

十一、「場面話」：可聽不可信

做人需要說場面話，沒有場面話，場面就談不上場面，但是場面話不一定要信，因為那只是應付場面而已。

無論誰，有時都會說或聽到「場面話」，聽或說的人千萬不要當真。

某甲在公家單位服務，十幾年沒有升遷，於是透過朋友牽線，拜訪一位主管人事調動的單位主管，希望能調到別的單位，因為他知道那個單位剛好有一個缺，而且他也符合資格。

那位主管表現的非常親切，並且當面應允，拍胸脯說：「沒問題！」

某甲高高興興地回去等消息，誰知半個月、一個月、兩個月過去，一點消息也沒有，打電話去，不是不在就是「正在開會」，問朋友，朋友告訴他，那個位置已經有人捷足先登了。他很氣憤地問朋友：「那他又為什麼對我拍胸脯說沒有問題？」他的朋友也不知如何回答才好。

這件事的真相是：那位主管說了「場面話」，而某甲相信了他的「場面話」。

「場面話」是人際交往中說話必備的應酬技巧，而說「場面話」也是一種生存智慧，在社交圈中的一些高手都懂得說，也習慣說。這不是罪惡，也不是欺騙，而是一種「必要」。

一般來說，「場面話」有以下幾種：

※ 當面「稱讚」人的話：諸如稱讚你的小孩可愛聰明，稱讚你的衣著大方漂亮，稱讚你教子有方……這種場面話所說的有的是實情，有的則與事實有

相當的差距，聽起來說起來雖然「噁心」，但只要不太離譜，聽的人十之八九都感到高興，而且有越多旁人時他就聽得越高興。

※當面「答應」人的話：諸如「我全力幫忙」、「有什麼問題儘管來找我」等。說這種話有時是不說不行，因為對方運用人情壓力，當面拒絕場面會很難堪，而且會馬上得罪一個人；纏著不肯走那更是麻煩，所以用「場面話」先打發，能幫忙就幫忙，幫不上忙或不願意幫忙再找理由，總之，有「緩兵之計」的作用。

所以，「場面話」想不說都不行，因為不說，會對我們的人際關係有所影響。不過，千萬別相信「場面話」。

對於稱讚或恭維的「場面話」，要保持冷靜和客觀，千萬別兩句話就樂昏了頭，因為那會影響我們的自我評價。冷靜下來，反而可看出對方的用心如何。

對於拍胸脯答應的「場面話」，只能持保留態度，以免希望越大，失望也越大；只能「姑且信之」，因為人情的變化無法預測，既測不出他的真心，只好抱持最壞的打算。

要知道對方說的是不是場面話也不難，事後求證幾次，如果對方言辭躲閃，虛與委蛇，或避不見面，避談主題，那麼對方說的就真的是「場面話」了。對「場面話」也要有清醒的頭腦，否則可能會誤了自己的大事。

第三章

凡事留有餘地，做人要留退路

做人難，難做人。很多時候，不僅要給別人留有餘地，還要給自己鋪個台階。如果不具備一點「心機」，做人就會陷入死胡同，既沒有退路，也沒有出路，只能堵在死路上，抑鬱寡歡。

一、己所不欲，勿施於人

自己不想做的事，沒必要硬要別人去做，凡事要留有餘地，給自己留條退路，就是給自己設計好出路。

有一天，孔子的學生子貢問老師：「有沒有一個字可以作為終生奉行不渝的法則呢？」孔子回答：「其恕乎！己所不欲，勿施於人。」這裡的「恕」是凡事替別人著想的意思。意即，自己不喜歡做的事，不要加諸在別人身上。這句話可當作待人處事的基本修養，如果能做到這一點，在交往中，會給自己和別人都留下進退的餘地，也就可以建立起良好的人際關係，讓自己的未來無往不利。

戰國時魏國與楚國交界，兩國在邊境上各設界亭，亭卒們也都在各自的地界裏種了西瓜。魏亭的亭卒勤勞，鋤草澆水，瓜苗長勢極好，而楚亭的亭卒懶惰，不事瓜事，瓜苗又瘦又弱，與對面瓜苗的長勢簡直不能相比。楚亭的人覺得很沒面子，有一天乘夜摸黑，偷跑過去把魏亭的瓜苗全給扯斷了。魏亭的人第二天發現後，氣憤難平，報告給邊縣的縣令宋就，想要也過去把他們的瓜苗也扯斷！宋就說：「這樣做顯然是很卑鄙的！可是我們明明不願他們扯斷我們的瓜苗，那麼為什麼再反過去扯斷人家的瓜苗？別人不對，我們再跟著學，那心胸就太狹隘了。你們聽我的話，從今天起，每天晚上去給他們的瓜苗澆水，讓他們的瓜苗長得好，你們這樣做的時候，一定不可以讓他們知道。」魏亭的人聽了宋就的話後覺得有道理，於是就照辦了。楚亭的人發現自己的瓜苗長勢一天好似一天，仔細觀察，發現每天早上土地都被人澆過水，而且是魏亭的人在黑夜裏悄悄為他們澆的。楚國的邊縣縣令聽到亭卒們的報告，感到既慚愧且敬佩，於是把這件事報告了楚王。楚王聽說後，也感到魏國人修睦邊鄰的誠心，特備重禮送魏王，既示自責，亦示酬謝，結果這一對敵國反成了友好的鄰邦。

宋就在智慧謀略方面的「心機」，顯然高於那些亭卒，正是因為他懂得「己所不欲，勿施於人」的道理。

寬恕別人就是寬恕自己。這樣可以造成一種重大局、尚信義、不計前嫌、不報私仇的氛圍，以及成就雙方寬廣而又仁愛的胸懷。降至日常生活的處理，又何嘗不是這樣？尤其是對初涉世事的年輕人來說，由於一切茫然無知，總是時時處處小心翼翼，左顧右盼地想找出人事上的參照物來規範自己、約束自己，這種反應當然是正常的。但殊不知有時以此處世，反而會導致初衷與結果的南轅北轍。其實在各人的眼中，自己的位置是各不相同的，並沒有統一的標準可供參考。

所以，不妨就依照「己所不欲，勿施於人」的原則，反求諸己，推己及人，往往會有皆大歡喜的結果。反求諸己，則易入情，由情入理，自然會生羞惡之心而知義、辭讓之心而知禮、是非之心而知恥。自私自利之人，往往不懂得推己及人的道理，常常毫無顧忌地損害他人的利益，把痛苦轉嫁到旁人身上，以這種方式處世，走到哪裡被人罵到哪裡，十足的損人又不利己。

給別人留退路是一種人情味。做人要有人情味，真正的強者都是最善順人情人意的人。人們喜歡把成熟的人比作一塊鵝卵石，它是由生活的潮水長年累月地沖刷，把個性的稜角都磨得光滑而來的。這樣的石頭，總是容易順勢找到一個比較穩妥的位置。不過，成熟的人似乎更像一顆雨花石，好醜高下不論，就是有自己的特色的，每一塊都蘊含著不同的花紋與色彩。不過，若把雨花石閒置一處，那它們就只是暗淡無光，甚至是麻麻點點的一大堆普通石子。只有把雨花石浸入清水白磁缽中，它會陡然晶瑩，盪漾出奇妙的圖案、斑斕的色彩、精美的花紋。這清水和磁盆，就是人生不可缺少的憑藉——人生修養和做人的「心機」。

二、自持和自制，不違背規則

為所欲為，既堵了自己的退路，又不給別人留餘地，只有自持自制者才能按規則辦事，做到守矩、慎獨不吃虧。

也許你會認為自持和自制太限制自我發揮，是一種自設牢籠，自我封閉的方式。但是，現今人們有了越來越大、越多的自由，有了更多的機會和表現自己的空間，也正是在這種情況下，自持和自制做為一種「心機」顯得更加重要。

如果我們要明確定義什麼是自持和自制，那麼，簡單地說這就是自己給自己立法，並以這種自己為自己制定的法來自覺式地約束自己，提高自己的自持與自制力，這便是這一原則的內涵。古代人之所以要講究「慎獨」，實際上是說在那時候的人們，往往都是被一些客觀的因素和倫理法則被動地約束著，而必須在獨自一人、無他人在場監督時，自覺地遵守嚴格的條律。「慎獨」所要求的也就是不僅在公共場合，甚至在獨處時都能夠服從某種倫理觀念和法律規範。而現代社會所要求的自持和自制則是一種對自我立法的服從，是一種自己對自己的規定，一種自重的生活態度。

不難發現，大凡「不逾矩」，無非都是出於某一種規範或約束。由於這種規範或約束的要求，我們對某些行為必須斟酌再三，或接受某種自己不願接受的事實。然而，就這些規範和約束來說，一般可分為兩類：一類是外在的；一類則是內在的。前者是別人為自己訂立的，後者是自己為自己訂立的。古人們之所以要強調「不逾矩」，多半是出於對外在規範或約束的服從和懼怕。在現代社會中，真正的

「不逾矩」則不是那樣，它是一種自我立法、自我約束之下的「克制自己」，是真正由衷地出於一種自我本身的需要；它不像傳統社會那樣，被視作一種自我犧牲或是所謂的忠誠。積極地來看「不逾矩」反而可以視為一種自我實現的方式，是對自己有利的。例如，美國著名的科學家、政治家和作家佛蘭克林，在青年時代就為自己訂立了十三條規則，其中包括節制，如：食不過飽、飲酒不醉、沈默寡言、儉樸等等。用這種自我立法、自我約束的方式，來訓練自己並陶鑄自己的性格。

三、暫時的讓步是為了更好的選擇

暫時的讓步不是吃虧，而是為了更好地選擇，為下一個目標做準備，這就是做人的道理；贏在結果，不強調過程。

西元六一六年，李淵被詔封為太原留守，北邊的突厥用數萬兵馬多次衝擊太原城池。李淵遣部將王康達率千餘人出戰，幾乎全軍覆滅。後來巧使疑兵之計，才勉強嚇跑了突厥兵。更險惡的是，在突厥的支持和庇護下，郭子和等紛紛起兵鬧事，李淵防不勝防，隨時都有被隋煬帝藉口失職而殺頭的危險。

在當時的人們看來，李淵當時是內外交困，必然會奮起反擊，與突厥決一死戰。不料李淵竟派遣謀士劉文靜為特使，向突厥屈節稱臣，並願把金銀珠寶統統送給始畢可汗！

李淵為什麼這麼做呢？原來李淵根據天下大勢，已決定起兵反隋。要起兵成大氣候，太原雖是一個軍事重鎮，但不是理想的發家基地，必須西入關中，方能號令天下。西入關中，太原又是李唐大軍萬萬不可丟失的根據地。那麼用什麼辦法才能保住太原，順利西進呢？

當時李淵手下兵將不過三、四萬人馬，即使全部屯駐太原，應付突厥的隨時出沒，同時又要追剿有突厥撐腰的四周盜寇，已是捉襟見肘。而現在要進伐關中，顯然不能留下重兵把守。唯一的辦法是採取和親政策，讓突厥「坐享其成」，所以李淵不惜俯首稱臣，以換取將來更大的成就。

李淵的退讓策略馬上獲得大豐收，始畢可汗果然與李淵修好。後來，李淵派李世民出馬，不費多大力氣便收復了太原。

而且，由於李淵甘於讓步，還得到了突厥的不少資助。始畢可汗一路上送給李淵不少馬匹及士兵，李淵又乘機購來許多馬匹，為李淵擁有一支戰鬥力極強的騎兵奠定了基礎，更因為漢人素懼突厥兵的英勇善戰，而李淵軍中有了突厥騎兵，自然憑空增加了聲勢。

李淵讓步的行為，雖然有很大犧牲，但不管是從名譽還是物質，在當時的情況下，不失為一種明智的策略，它使弱小的李家軍既平安地保住後方根據地，又順利地西行打進了關中。如果再把眼光放遠一點看，突厥在後來又不得不向唐求和稱臣，突厥可汗還在李淵的使喚下順從地翩翩起舞哩！這當初的讓步可真是微不足道。

由此看來，明謀善略者暫時的讓步，往往是轉化對手的資助，走向強盛與伸展勢力後，反手使對手屈服的一條實用謀略。

四、切忌功高震主：必要時犧牲一點名譽

在與人打交道時，尤其是與職位更高的人共事時，千萬不要讓個人的光芒搶了他們的風頭，這是做人應有的「心機」，要不然因此而得罪自己的主管，將來升遷之道必然險阻難行。

對於許多聰明人來說，人生的最大敵人不是別人，而是自己。一旦做出一番事業，就難免居功自傲目中無人，而這樣做的下場往往比無所作為的人更慘。

所以，一個有「心機」的人，應該知道居功之害。因此古有明訓，不論任何好事，都要守住自己的本分，知退讓之機，萬萬不可以功高震主，否則輕則招致他人妒恨，重則惹來殺身之禍。

自古以來，只有那些與人分享榮譽者甚至是把榮譽讓給別人的人，才會有一個好的結局。而眾多的史實也都證明，只有像張良那樣功成身退，善於明哲保身的人才能防患於未然。同樣對那些可能玷污行為和名譽的事，不應該全部推諉給別人，主動承擔一些過錯，引咎自責，有這樣涵養德行的人才能處世圓融納福避害。

漢朝時代晁錯自認為其才智超過文帝，更是遠遠在朝廷諸大臣之上，暗示自己是五伯時期的佐命大臣，想讓文帝把處理國家大事的權力全部委託給自己。這正是功高震主的表現。唐宣宗初即位，看到功高權重的李德裕，心裏忌憚，很不平衡，以至頭髮被汗水浸溼了，這與漢大將軍霍光為漢宣帝護衛車乘，而宣帝寒憚心畏，像有芒刺在背有什麼區別？功勞高了，人主震懾，這樣的功臣自古以來難有善終。

而韓信可謂功高蓋世，但因為其聲名顯赫位高震主，最終也下場可悲。秦末韓信從項梁、項羽起義，為郎中。其獻策屢不被採用，投奔劉邦，被蕭何推薦為大將。楚、漢戰爭時期明修棧道，暗度陳倉，出奇兵佔領關中。後來，劉邦與項羽相持於滎陽、成皋間，他被委為左丞相，領兵破魏、代，平定趙、齊，被封為齊王。後與劉邦會於垓下，擊滅項羽。漢朝建立，改封楚王。因受人誣告謀反，降為淮陰侯。陳豨叛亂時，有人告韓信與其同謀，欲起兵長安，被呂后誘殺未央宮。

避免功高震主就要知進退之勢，要知進退以下幾條必須牢記在心：

1、要守法。

從歷史上看，循吏最易保全。《史記．循吏列傳》中，司馬遷所說的循吏，就是遵循法規，忠實執行命令，能知時務識大體的臣子。

後世人以為只有慈愛仁惠、和善愉快，以仁義為準則的官吏，才稱得上「循吏」，那就大錯特錯了，首先應該是遵守法令，嚴格地約束自己，這才是循吏的作為。

2、不參與。

即不把自己的私利參與在自己所執掌的權力中去加以實現。

《論語》中有：「巍巍乎，舜禹之有天下也，而不與焉。」即舜和禹真是很崇高啊，貴為天子，富有四海，但一點也不為自己。把自己的私利參與在政事之中是很不廉潔的舉動，雖然可得一時之利，但最終為人們所厭惡，他的功勞再多、苦勞再大也終會抵消。

3、不長久。

古人說：「日慎一日，而恐其不終。」如果身居高位時一天應比一天更謹慎，如同行走在危險的高崖之上，即使自己注意了，能得到善終的人也不多。所以，位置越高，權力越大，懷疑猜忌的人越多，不可不防，不可不早做避讓的打算。

4、不勝任。

古人說：「懔乎若朽索之馭六馬，栗栗危懼，若將殞於深淵。」即身居高位所面臨的危險，驚心動魄得就像以腐朽的韁繩駕馭著六匹烈馬，萬分危懼，所以千萬不要居功自傲，要時時謙讓，功成身退，可得善終。

5、不重兵。

在古代，功高的臣子如果能夠主動交出兵權，那麼對君主的威脅就減少了，所以「不重兵」，就是自我節制，以求自保的意思。

6、多請教。

古人說：「三人行必有我師。」能做到主管的人，必然有其獨到之處，所以在做事之前主動向主管請教，探詢主管的意見，這樣在辦事時就有所憑藉。

這一套不僅適用於封建官場，也適用於與我們息息相關的工作當中，尤其是在與長官的交涉衝突中，懂得進退的「心機」，將來的天空會更加寬廣的。

五、承認自己是錯的——減少不必要的麻煩

承認自己是錯的，就等於肯定對方是對的。退了一步，讓對方大大前進了一步，其實並沒有損失什麼，可是卻可以帶來了極大的利益，這種「心機」還不值得一學嗎？

人們可以接受外貌、身高、收入、地位上的差距，卻很少能接受才智上的差距。當希歐多爾・羅斯福入主白宮的時候，他承認：如果他的決策能有七五％的正

確率，那麼，就達到他預期的最高標準了。像羅斯福這樣的傑出人物，最高的希望也只是如此，那麼，你我呢？

如果我們有五五%得勝的把握，那大可到華爾街證券市場每一天賺個一百萬元、買下一艘遊艇，盡情地遊樂一番。如果沒有這個把握，我們又憑什麼說別人錯了呢？

每個人都執著地相信自己的能力和判斷力，當我們跟別人說：你錯了，他會同意我們的說法嗎？絕對不會！因為這樣等於評判了他的智慧、判斷力和自尊心。這只會使他反擊，絕不會使他改變主意。不管搬出所有柏拉圖或康德式的邏輯，也改變不了他的意見，因為我們已經結結實實地傷害了他的感情。

有「心機」的人絕對不會這樣說：「好！我要證明給你看！這話大錯特錯！」因為這等於是說：「我比你高明。我要告訴你一些道理，使你改變看法。」如此一來無疑在彼此間設下許多溝通的障礙。

即使在最融洽的情況下，要改變別人的主意都不容易，如果想要證明什麼，那就要動點心機講究方法，先引起別人對驗證的興趣。讓對方在不知不覺中接受意見。也就是說：必須用若無實有的方式教導別人，提醒他所不知道的，卻像是他忘記考慮的方式。

正如英國十九世紀政治家查士德．斐爾爵士對他的兒子所說的：**要比別人聰明——如果可能的話，千萬別讓人家知道你比他聰明。**

如果有人說了一句我們認為錯誤的話，即使知道那是錯的，用這樣的表達方式，相信彼此會有更融洽的關係，也會達到溝通的效果。例如：「噢，是這樣的！我有另外一種想法，或許不成熟，不過說出來交換一下心得。說不定會迸出什麼好點子，我們一起來看看問題的所在吧。」

用「我的想法或許不成熟」、「我們來看看問題的所在」這一類句子，確實會收到神奇的效果。

有一次記者訪問著名的探險家和科學家的史蒂文生。他在北極圈內生活了十一年之久，其中六年除了吃獸肉和清水之外別無它物。他告訴記者他做過的一次實驗，於是，記者就問他打算從該實驗中他想要證明什麼。他說：「科學家永遠不會打算證明什麼，他只打算發掘事實。」

承認自己也許會弄錯，比較不會惹上煩惱。如此一來，不但可避免可能的爭執，說不定還可能使對方展現風度；或許使他也承認他可能的錯誤。

所以，不管遇到什麼事，都不要跟顧客、另一半或反對者爭辯，別老是指責對方的錯，也不要刺激對方，心頭存有「心機」，採取必要的讓步，講究一點方法才能改變他人的意見。

在耶穌出生的二千年前，埃及阿克圖國王，曾給予他兒子一個精明的忠告，這項忠告即使到了今天仍是效用無窮。阿克圖國王在酒宴中說：「謙虛一點，它可以使你有求必得。」

六、君子之交，絕不出惡言

每個人都有過失，即使是偉人也不例外，所以在與人交往的時候，談話一定要有「心機」，最好能做到「打人不打臉，揭人不揭短」。

在《呻吟語》中說：「責人要含蓄。」意即在指責他人過失時，最好不要一次把心中想要說的話完全表達出來。而《菜根譚》中也有「攻人之惡，毋太嚴」的教訓。

此外，《呻吟語》還具體地指出：「指責他人之過，需要稍作保留。不要直接地攻擊，最好採用委婉暗示的譬喻，使對方自然地領悟，切忌露骨直言。」更接著說：「即使是父子關係，有時挨了父親的罵，也會無法忍受而頂嘴，更何況是別人呢？」父子間是有血緣關係，無論如何不能割捨，不過朋友間就不是這樣，過激的言辭很可能會斷送友誼。不揭短，不打臉就是給別人和自己都留下轉圜的餘地與退路。

《韓非子》中說：「夫龍之為蟲也，柔可狎而騎，然其喉下有逆鱗徑尺，若人有攖之者，則必殺人。人主亦有逆鱗，說者能無攖人主之鱗則幾矣！」

龍在溫馴的時候，人可以騎在牠的背上，如果你摸牠咽喉下直徑一尺左右逆生的鱗，牠必定會吃掉你。而人與人之間的交往，對方的短處就是逆鱗，如果抓住這個而加以苛責，必然會令對方感到無地自容羞憤難當，此時的關係必然生變；結果是對方總有一天會報這一箭之仇的。因此，即使指責對方時，也要為其留一點退路。

與人爭辯時也一樣，以嚴密的辯論將對方駁倒固然令人高興，但也未必非將對方批駁得體無完膚。其實退一步想想，這樣做其實蠻愚蠢的，因為不但對自己毫無好處，甚至有時還會適得其反，得不到對方的認同，終有一天會自作自受，也會受到對方的攻擊。當我們和他人發生摩擦時，首先要瞭解他的想法和出發點，然後在顧及對方顏面的前提下，陳述自己的意見，並給對方留有餘地。這樣的技巧在處理人際關係時，務必掌握的好。

所謂：「君子之交，絕不出惡言」，就是說明與人交往時，需要誠意待人，縱使交惡斷絕往來，也不可口出惡言，說對方的不是。一個有「心機」的人，無論持何種理由，即使中斷來往，也不會口出惡言、誹謗對方。

七、三十六計「走」為上策

「走」是用兵的常用策略，說白了就是退卻和逃跑。當一方具有壓倒的優勢，而另一方沒有勝利的把握時，只有三條路可走，即投降、和談、撤退。投降是徹底的失敗，和談是失敗了一半，而撤退並非失敗，說不定是反敗為勝的關鍵。

《三十六計》最後一計是「走為上」，原計曰：「全師避敵，左次無咎，未失

常也。」白話來說就是：全軍退卻，避開敵人，以退為進，待機破敵，說不定是反敗為勝的關鍵。

「走」，表面看來是退卻，其實是更高層次的一種戰術，它具有切實的實用性，可以暫避風頭，給自己喘息整補的機會。

走的計策，在做人做事上，又有「隨退隨進」一說。隨退隨進，不是懦弱的象徵，而是一種「心機」的表現。蘇東坡《與程秀才書》中講到：「我將自己整個人都交付給了老天爺，聽其運轉，順流而行，遇到低窪就停止，這樣不管是行，還是止，都沒有什麼不好的了。」蘇東坡主張，人應當順天意，進退不強求。這就像大自然有陰晴，月亮有圓缺，季節有冬夏，天氣有冷暖。萬事如意只是人們的美好願望，其實人生難得一帆風順。

莊子曾講，窮通皆樂；蘇軾則言，進退自如。無論是莊子的窮通，還是東坡的進退，指的都是同一種做事的策略。「窮通」是指人實際的境況遭遇，「進退」是指人主觀的態度和行動。莊子認為，凡事順應自然，不去強求，才能過著自由安樂的生活。蘇軾認為，人只有安於時代的潮流，因任自然法則，才能進退自如，窮通皆樂。如此看來，進退即是做人的大道理、大智慧。

我們常說：「人不要做絕，話不要說盡。」廉頗曾頑固不化，蔑視藺相如，到最後不得不袒胸負荊，登門向藺相如請罪。鄭莊公說話太盡，無奈何掘地及泉，遂而見母。故俗言道：「凡事留一線，日後好見面。」凡事都能留有餘地，才可避免走向極端。特別在權衡進退得失的時候，務必注意適可而止，盡量做到見好便收。

春光雖好，但總有盡時，人生也是如此。都有高潮和低潮，正所謂：「人無千日好，花無百日紅。」就像打牌一樣，一個人不能總是拿到順風牌，一副好牌之後往往就是壞牌的開始。所以，見好就收才會是最大的贏家。做人的真諦在於與人相交，不論是同性知己還是異性朋友，都要懷適可而止的氣度，君子之交淡如水，既可避免勢盡人疏、利盡人散的結局，同時真正的友誼也只有在平淡中方能現出真情。越是形影不離的朋友越容易反目成仇。

因此，古人告誡說：「受恩深處宜先退，得意濃時便可休。」即使是恩愛夫妻，天長日久的耳鬢廝磨，也會有愛老情衰的一天。北宋詞人秦少遊所謂：「兩情若是長久時，又豈在朝朝暮暮。」這不只是勞燕兩地的分居夫妻之心理安慰，更應為做人交友的處世之道。

八、保持距離才是美

之所以強調保持進退的「心機」，就是人與人之間是有距離的，而且是一種天然的距離。如果說這種距離遭到破壞，人必然會受到傷害。

據報載，一位待業中的女孩子到北部來訪友省親，在搭車中與有氣質的中年男性坐在一起。那男子十分熱情和藹，自稱自己是台北某外商公司經理，正要找新進的員工，並拿出名片給她看。這個女孩子不疑有他，當下表示自己也正在找工作。

中年男子承諾聘用她做秘書，聽完此話，女孩子感激不盡，於是跟他下了車，就近進了一家旅館。就在這天夜裏，女孩子身上所帶的財物被洗劫一空，原來這位自稱外商公司經理的人是個劫財劫色的詐騙流氓。

警方的犯罪心理學家指出，一般行騙者大都是「心理專家」，可以說很會「做人」，他們精通人們的心理，並善於利用其心理弱點，如愛慕虛榮、急功近利、貪圖享樂等，採取投其所好的伎倆把自己偽裝成事業的強人、職位上的高階經理人、或是經濟上的海派人士，以唬人的名片、風雅的談吐、誘人的許諾，構成心理上的「障眼法」，巧妙地解除人們的心理防衛體系，遂行其詐騙的目的。因此，我們說，麻痹輕信是騙子們成功行騙的助手和幫兇。

俗話說：「害人之心不可有，防人之心不可無。」在現在這個社會中，「防人之心」是萬萬少不得的，與陌生人交往的時候，千萬要保持距離。特別是涉世不深的青少年更應保持警覺，積極地建設自己的心理防衛機制。

如何與陌生人保持距離，具體說來起碼應注意以下幾點：

1、不要以貌取人。

和陌生人打交道時，人們很自然、直接地用外表來評斷一個人，對於風度瀟灑、儀表堂堂的人易於產生好感。而騙子們就善於利用人們這種愛慕虛榮、追求美貌的心理，用外在華麗高檔的服飾來包裝自己，藉以蒙蔽他人，誘人上當。因此，在和陌生人打交道時，要提高警覺，絕不要被其外表所矇騙。

2、不要被莫名的殷勤打動。

殷勤的言行易於使人感動，騙子們自然也懂得這一點。他們善獻殷勤、套交情，用來騙取信任和好感，讓人把他們當成自己人，最終落入他們所設計的圈套。當人們處於困境或苦悶孤獨時，最希望得到同情、關懷和幫助時，正是騙子們最容易得手的機會。所以，當心情低潮或孤獨時，尤其要提高警覺，在莫名由來的殷勤面前不妨多長一個心眼，對獻殷勤者保持一定距離。

3、不要被輕率的許諾所誘惑。

人們很容易對他人的承諾表示感激，而產生信賴感，這時候，也是防衛心理最容易鬆懈的時候；前面提到被騙財騙色的例子就是如此。因此，對於自己並不瞭解的人的承諾，要有所警惕。一般情況下，萍水相逢之人張口就承諾肯定是靠不住的，承諾誰都會做，輕信就會上當。

當然，強化防衛心理並不是要把自己封閉起來，拒絕與別人交往，也不能風聲鶴戾，草木皆兵，自己嚇自己。只要我們在與陌生人打交道時，隨時提醒自己，做到熱情而不失控，真誠而不輕信，那麼形形色色的騙局都將無法得逞。

九、適可而止，留下轉圜的餘地

遇事窮追不捨，於人於己都沒有好處，聰明人——有「心機」的人，都會適當考慮別人的想法，為彼此留下轉圜的餘地。

現實生活中，許多人說話、做事總是不會給人留下餘地，常常讓人處境尷尬。

其實想想，如果我們自己也處在這種狀況會怎麼樣？很顯然，人一旦處於這種窘境，則不僅僅是怨別人也會氣自己，氣自己無能、無力，甚至會懷疑自己生存的價值和意義，因此產生很強烈的挫折和失落感。

那麼，有過這種體驗和經歷的人就應當設身處地的為對方想一想，一旦自己憑藉努力，證明自己確實比對方強，完全有能力制服對方，那就適可而止吧，別再以牙還牙，非把對方完全置於死地不可，不然只會使對方承受和自己當初一樣的打擊與屈辱，進而為自己製造一個仇敵。

1、冤家宜解不宜結，問題解決了就要給對方一個台階下，否則對方記了仇，將來或許還會加倍奉還。

當有求於人的時候，如果受了氣，應該放開眼界，把著眼點放在解決問題對策上，而不是鬥氣上。

和人家鬥氣，一來未必鬥得過，二來浪費了時間和精力，對於解決問題沒有什麼助益。換一種角度，換一套思路，另闢途徑解決問題是最重要的。一旦問題解決了，受氣的根源自然消失，如果能夠給人一個適當台階下，他會感激我們的寬容大量。

2、在人際交往中不把事情做絕，甚至可以化敵為友。

每個人受了氣後難免會產生一種報復的心理，於是奮發向上，尋找時機。這其實是十分不可取的，因為說不定哪天還會受更大的氣。相反，如果一個人在有了實力，或是抓住了對方的把柄，完全有能力制服對方時，能夠恰當的利用這種優勢，以一種大度寬容的方式來對待對方，獲得他的信任與感激，更進一步以其他方式來增進彼此的感情，那不但排除了樹敵的可能性，更可因而多了一個很可信賴的朋友。朋友多了，自然容易成事，同時能夠彌補個人能力的種種不足，讓自己的實力更加提升。對於矛盾的雙方而言，這樣結局無疑是最為理想的。

第四章

要有「勢利眼」：尋找可靠的夥伴

有點「勢利眼」可謂是善識時務，而不懂得勢利的人，只能說自欺欺人，贏了面子，輸了裡子。

人一生中，免不了與他人合作，有「勢利眼」的人，能選擇有才能有前途的人，自己自然也沾光；若為了義氣任性，選擇合作夥伴時只顧感覺不顧勢利，結果必然是雙方都失敗，自己也深陷困境。

一、想成功就需夥伴幫：同心結合最完美

戴爾·卡耐基說：「我們生活在這現代世界裏，各技術部門的分工使我們個人的能力相形見絀，要取得成功，除了合作，別無他法。」

現代的世界瞬息萬變，每天都有無數的新氣象、新知識、新事物登然出現，只憑一個人的頭腦和智力，是永遠無法窮盡的。有一位詩人也說過我們現在生活的社會是張「網」，一張無邊無際、大得難以想像的網。每一個人在這張網中都顯得是

無比的渺小，只是其中一個結點，甚至連結點都算不上。

而每個成功人士都是有「心機」的，他們的成功有個規律，就是他們必定借助了其他人的力量，也許是現有的成果，也許是共同的思考，也許是「微不足道」的服務，總之，「一個籬笆三個樁，一個好漢三個幫。」

傳統中的黃金搭檔，大概就是「明君賢相」之稱的唐太宗與房玄齡、魏徵等人的輔佐，才創造了政治清明的「貞觀之治」，也才為中國的古代文明增添了輝煌燦爛的一頁。

王家衛因電影《花樣年華》讓世人再次感受到他那非凡的才華，可是他本人在自傳中再三肯定的卻是他的攝影師、服裝設計師和色彩調配師，稱他們為三大將。是他們的幫助，才有變幻多端的多層次鏡頭，才有了那麼多漂亮的戲服。他素以拍沒有定型的劇本著稱，靠的都是一時的靈感和表現的感覺，需要梁朝偉的配合，張曼玉的理解。

因此，這部影片的成功，離不開這其中的任何一個因素，離不開所有人之間默契與緊密的合作，只憑王家衛一個人是不可能去體現他對電影的理念的。

一根筷子很容易就被折斷，而十根筷子卻能牢牢抱成團的意義就在這裡。一個集團，如果有一個好的領導者，他就懂得把每個人的機智、耐心、毅力、自信、知識都集結在一起，讓他們相互結合、相互補充，發揮出更大的力量來。一個團體所迸發出來的那種向上、無畏的精神是任何力量都不能阻擋的，可以大到產生乘風破浪之勢。

人腦就像電池，當一個人單獨奮鬥和努力時，電量很容易耗損，使人變得無精打采，畏縮不前，此時想要進一步成功就必須先充電。

因此，隨時與頭腦有活力、精神充沛的人保持聯繫，互相充電，能激勵我們的智慧，變得積極和機智，爆發出更多的活力和熱情。

現代社會分工越來越細，從組織面來說就是行業和部門越來越多，一件產品最後的成敗必須依靠很多廠家生產各式零組件，再由特定的組裝，強而有效率的經銷商鋪銷。它凝結著無數人合作的智慧和汗水，一人生產一件商品的時代已不復存在。全球的大趨勢就是合作，只有合作才會在競爭中取得勝利。如果一個人還不懂得合作的重要性，那就是頭腦太簡單，太沒有「心機」了。

從社會上講，就意味著我們每個人懂得的東西越來越顯得狹窄與無力，迫切地需要與人合作，相互交流，才能更有效地發揮各自的能力。

反過來說，人處在團體中，團體的進步有很大程度上是反作用於個人的進步的，使個人的能力更提高。可以說，沒有團體的總體進步，而只不過是個人的發展，是不持久的，更容易被忽略。現在進行競爭的不只是個人的素質的高低，更多的是國際間集團的效率競爭，只有緊密而有效地合作才能在競爭中立於不敗之地。

二、追求「雙贏」的競爭

與人合作的目的就是雙方都能獲利。想獨自獲利是一種貪婪，而雙贏則是一種「心機」、一種策略。同時，只有這樣，才可以處理好與夥伴與對手的關係，為下一步合作打下良好的基礎。

有這麼一則寓言故事：

一隻獅子和一隻野狼同時發現一隻小鹿，於是商量好共同追捕那隻小鹿。牠們合作良好，當野狼把小鹿撲倒，獅子便上前一口把小鹿咬死。但這時獅子起了貪心，不想和野狼平分這隻小鹿，於是想把野狼也咬死，可是野狼拚命抵抗，後來野狼雖然被獅子咬死，但獅子也深受重傷，無法享受美味。

獅子眼光短淺，不講「心機」不肯與合作夥伴分享勝利，結果兩敗俱傷，一無所得。

這個故事講述的道理就是人們常說的「你死我活」或「你活我死」的遊戲規則！人生猶如戰場，但畢竟不是戰場；戰場上敵對雙方不消滅對方就會被對方消滅。而人生賽場不一定如此，為什麼非得爭個魚死網破，兩敗俱傷呢？

大自然中弱肉強食的現象極為普遍，但這是出於牠們生存的需要。而人類社會與動物界不同，個人和個人之間，團體和個體之間的依存關係相當緊密，除了競賽之外，任何「你死我活」或「你活我死」的遊戲對自己都是不利的。

企業經營時最需採用「雙贏」的競爭策略，這不是看輕自己的實力，而是為了現實的需要，如前面所說，任何「單贏」的策略對自己都是不利的，因為它必然會有這樣的結果：

除非對手是個軟弱角色，否則在與對方進行爭鬥的過程當中，必然會付出很大的心力和成本，而當打倒對方獲得勝利時，我們大概也已筋疲力盡了，說不定所得還不足以補償自己的損失。

人類社會是複雜的，不可能將對方毀滅。如果一時貪心，必然會招來禍患，給自己埋下潛在的危機。

所以無論從什麼角度來看，那種「你死我活」的競爭在實質利益、長遠利益上來看都是不利的，因此應該活用「雙贏」的策略，彼此相依相存。

在商業利益上，講求「有錢大家賺」，這次你賺，下次他賺，這回他多賺，下回你多賺。

總而言之，「雙贏」是一種良性的競爭。不過，人在自己處於絕對優勢時常會忘記前面那則寓言所描述的狀況，其最終的結果也必然是贏得淒慘。所以務必隨時退一步檢視，給自己及他人留個互惠共利的空間。

三、臨淵羨魚，不如退而結網

我們往往會對成功的人士投以羨慕的眼光，敬佩他們的左右逢源與長袖善舞，在人群當中如魚得水，名利雙收。現今社會講究「關係」，而「關係」的建立則來自和別人「投不投緣」，與其在一旁羨慕別人因為好人緣而帶來成功機會，不如經營好日常生活中所遇到、接觸到的每個「人緣」，讓我們也可以因為——「相逢自是有緣」而歡喜豐收。

我們在世間上的一舉一動，所接觸的大人物或小人物都很可能變成日後成敗的因素。而世間密密麻麻地結著人緣的網，我們每一個人都生活在一個個的網目之中，攀緣著網絲可以和許多人拉上關係。假如能和這麼多人建立良好的人際關係，使他們成為在有助於事業的朋友，成為在生意上的顧客，相信事業一定會非常成功。

結實、堅固的網就是個人的人際關係。不用說，以此作資本，不管在買賣上或金融上或從政上都將開拓出一條康莊大道。

因此，要做好生意一定要儘快建立人脈關係。

人脈關係亦即人緣，這種事情是要靠自己創造的，它並不會從天上掉下來的。如果太客氣、太害羞、太內向，將失去許多和人接觸的機會。

一旦有了一點人脈，便要努力加以擴大，加以活用，使得生意著實地向前發展。

在公司上班的時候，只要運用組織力量，擴大、運用公司的人脈關係就可以使業務進展，因為公司有公司整體的信用和實力。

公司員工在公司上班等於是在母親懷中的嬰兒，處處在父母的呵護下成長。等到長大成人要自立門戶的時候，就再也不能依賴父母。父母親若留下一些人脈關係可供運用當然最好，如果沒有，那就得創造自己的人脈關係才能在社會上生存下去。所以，好的人脈關係是成功的關鍵，要想事業一帆風順必須建立良好的人脈關係。

敢於和人接觸當然是最基本的，但並不是只要能言善道就夠了，最重要的是要在朋友之間，在此後所交往的人之間，在所有認識的人之間，建立一個「信用可靠」的印象。

有信用才會有良好的人脈關係，「信者得賺」，不但要讓朋友信任，而且要讓客戶信賴。

四、選一個好對手

對手是成功路上的標竿，也是合作夥伴。

田徑場上的長跑比賽，可以給我們許多關於做人「心機」的啟示。比賽開始，眾人齊發，難分軒輊，但到了中途，選手們都會盯上某位對手，然後在恰當的時機突然加速超越，然後再跟住另一位對手，再次在恰當的時機超越他，一直衝至終點。

長跑，尤其是馬拉松比賽，是一種體力與意志力的比賽，而意志力尤其勝過體力，有人就因為意志力不足，體力本來還夠時就退出了比賽；也有人本來領先，但卻在不知不覺間慢了下來，被後面的選手趕上。跟住某位對手就是為了避免這種情形的產生，並且利用對手來激勵自己：別慢了下來！也提醒自己：別衝得太快，以免力氣過早耗盡！另外也有解除孤單的作用。只要用心看馬拉松比賽，便可發現這種情形：先是形成一個個小集團，然後再分散成二人或三人的小組，過了中點後，才慢慢出現領先的個人！

人生和長跑並沒有什麼區別，既然如此，那何不學習一下長跑選手的做法，跟住某一個人，把某人當成追趕並超越的目標！

不過，對手不能隨便選，要選得有價值。

以周圍的同事或同學為目標，要找的目標一定要在所取得的成就或能力方面都比自己強。換句話說，他要「跑」在前面，但也不能跑得太遠，因為太遠了不一定追得上，就算能追上，也要花很長的時間和很多的力氣，這會跑得很辛苦，而且挫折太多。

「對手」找到之後，不要盲目亂追，要進行綜合分析，看他的本事到底在哪裡？他的成就是怎麼得來的？平常他做事的方法，包括人際關係的建立、個人能力的提高等，都要有所瞭解。研究之後可以學習他的方法，也可以藉由自己的方法下功夫，相信很快就會取得成效──慢慢地也就和他並駕齊驅，然後超越他！

等超越現在的「對手」後，可以再跟住另一個「對手」並且再超越，如此不斷，一定能領先他人。即使拿不到冠軍，也不至於被很多人超越。

不過得注意一個事實，在長跑中，跟住一個對手並不一定就可以超越他，可能剛跟上了他，他發現後幾大步就把我們甩在後頭了！做事也是如此，好不容易接近對手，他又把我們拋在後面了。當處於這種情形時一定不要灰心，因為這種事肯定會碰到，碰到這種情形，如果能跟上去，當然是要跟上去，如果跟不上去，那實在是個人的條件問題，勉強跟上去，只會提早耗盡體力。那麼這樣不是白搭了嗎？其實不然！因為你「跟住對手」的決心和努力，自己已經在這「跟」的過程中激發出了潛能和熱力，比無對手可跟的時候進步得更多、更快！而經過這一段「跟」的過程，自己的意志受到了磨練，也驗證了自己的成績和實力，這將是一輩子受用不盡的本錢！

當然也要有這種準備：有可能找到了對手，但就是一直跟不上去，甚至還被後面的人一個個超越過去，這實在令人難堪。碰到這種情形，我們還是要發揮比賽的精神，跑完比賽比獲得名次更重要，人生也是如此，努力的過程比結果更重要，只要自己真正盡力就行了。就怕半途退出，失去奮勇向前的意志，這才是做人最悲哀的一件事！

五、別忘了賢內助

每個人都要成家立業，每個人也會感到心力不濟，難以兩頭兼顧。其實事業和家庭還是可以並行不悖的，只要稍稍花點「心機」，另一半就會成為得力的幫手。

每個成功的男人後面都有一個偉大的女人，這句話具有很深刻的道理，不可忽視「小女子」對經營才能的影響。

有一位合作的妻子幫助，會使經營走向更大更快的成功。一個「討人喜歡」的妻子，可能是商場上的有力後援者，而一位不合作的妻子，可能是生意場上的破壞者，甚至有可能讓人成為一個庸碌無能的失敗者。

因此，看一看另一半到底是不是一個合作者，就先費點「心機」瞭解自己的他（她）。就讓我們一起想個辦法來評價一下自己的另一半吧。

記住，當自己的另一半在被評估時，相對的也是在評價自己。坐下來，拿出紙和筆，盡可能坦誠與客觀地回答下列問題：

自己的另一半在見自己的老闆和商界熟人時，是否感到不自在？

自己能信賴另一半扮演即興女（男）主人，艱難地做完一件事而沒有任何明顯的障礙嗎？

自己的另一半在你說明你得出發去搭下一班飛機到外地時，會持體諒和贊成的態度嗎？

自己的另一半會鼓勵做出有關你的生涯的重大決定嗎？不論決定是對是錯，他

（她）會支持嗎？

自己的另一半會像一塊問題「共鳴板」般對自己有利嗎？或只是不耐煩地結束討論，然後逕自講話嗎？

自己的另一半採取積極的行動，提升自己個人的公眾形象，尤其是在他（她）接觸到的「重要人士」時，會這麼做嗎？

做完了這個測驗，檢視得出的結論是什麼，可以瞭解另一半到底是事業的後援支持者還是阻礙破壞者。

如果另一半是事業的後援支持者，應當感謝上帝，有了一個能真正幫助的人，事業會更容易獲得成功，趕緊向另一半表示感謝吧！

如果沒有那麼幸運，他（她）不是一個後援支持者，甚至是一個阻礙破壞者，也不必火大，學會讓他（她）變成一個事業的支持著吧！

別小看人的學習能力，一個本來不具備某項技能的人，經過認真的學習，也是可以具備這項技能的。一個成功的生意人會很注意培養自己的經營感覺，他會不斷尋找新的工作技巧增進自己的商業能力。他不是僅僅在一天八小時的工作中注意學習，而是把經營感覺的培養變成了一天二十四小時的學習。他注意選擇自己接觸的人，保證自己在工作之中和工作之外接觸到的人都有利於自己的，去培養領導素質和經營感覺，自然他的另一半也不會例外。

正如前文所述，並不是每一個人的另一半都有利於經理人的經營感覺培養。有的另一半是有力的事業後援者，而有的另一半則是事業的破壞者。如果自己的另一半是前者，那就要多多從他（她）那裡汲取營養，讓他（她）走進培養的環境。如果自己的另一半是後者，就設法改變他（她），使他（她）變得更像前者，然後也讓他（她）進入你的培養環境。

一個妻子如果是事業後援者，她會扮演迷人女主人的角色，會犧牲、付出，但毫無怨言。喜歡接觸人又天生愛社交的妻子，將無可估量地增加她丈夫的衝勁。

一個妻子如果是事業後援者，就會讓主事者主其事。經理人不只是管理他自己的工作和他的員工，他還要管理自己的事業生涯，肯奉獻的妻子常對丈夫能力表示出讓他得意的看法。在她看來，他任何事都能做得比別人好。

當然如果妻子野心太大，就會陷入危險狀況，妻子會變成垂簾經理人。她會擴大「生涯成長規模」直到超出了它該被擴大的地步。她所採取的最健康、正常的策略，是認真而又有智慧地說：「親愛的，我不太瞭解這件事，我對你的能力有信心，因為你一直在做那工作。若是你認為可以因為改變有更好表現，我永遠支持你。如果你決定留下來，那也很好。但是做決定的是你自己，因為只有你夠格評估這些因素決定你自己的選擇。」

而妻子若是有技巧又體諒的「共鳴板」型女人，要認為自己幸運。當自己心情變化時，將那雙有同情心的耳朵物盡其用。若較好的另一半是個「消費專家」，就要她提供關於房子、孩子及社交生活的勸告，但絕不要扯上工作。

當然妻子也有可能會成為最佳的「公關人員」。為提升我們公關地位，她可以想盡各種辦法。

夫妻本是同命鳥，當我們在前線奮鬥時，妻子沒有理由不支持。即使會阻礙了我們的發展，那也可能是幫助的方式不對。作為一個成功的男人，要積極引導妻子以正確的方式來幫助，成為事業的後援者。

六、不能合作打拚的三種人

大千世界，芸芸眾生，每個人都有可能成為下一個合作夥伴。生意成功與否，關鍵在於有沒有選好合作夥伴。所以，寧缺毋濫，在這方面，一定要「心機」縝密。

根據大量的合夥經營的案例研究，至少有三種類型的人不能合夥創業。如果遇到這三種人，根本不用再花「心機」去跟他們周旋。

1、好話說盡、食言自肥型。

工商界的分子是極其複雜的，爭權奪利的手段也是無所不用其極的。一些人仗著自己有一點小聰明，自以為對商場的人情世故懂得比別人多，因而「走火入魔」，把商場當成人騙人的地方，總想在與別人合作中多撈一點，多佔別人一點便宜。

於是，在合夥中對合夥人沒有半點誠意，把對方當成傻瓜，想自己的利益時多，想別人的時候少，斤斤計較個人得失，總想自己多佔一點，少做一點。對於這種人，不能與其合夥。這種類型的人都有一個共同的特徵，那就是能屈能伸，就像螞蟥一樣，要與人合作或有求於人時，他的舌頭如同螞蟥咬人時的身體蜿蜒搖動，說話時音調極其動聽，真是所謂的好話說盡。

一旦目的達到，過去所說的話都忘得一乾二淨，完全站在自己的利益上盤算，過河拆橋在所不辭。

照這樣的說法，應該沒有人會願意與他們合夥做生意，但事實上這種人又常常得逞，原因到底在哪呢？因為這種人能言善道。一旦遇到別人的責難和質問時，總能說出一大堆理由來解釋，連哄帶騙，往往讓人不但不怪他們，反而同情起他們。此外，這類人眼睛都亮得很，心裏有個很精密的小秤，對與自己有關係的人都做過算計。凡是對他的利益有幫助的人，他不僅好話說盡，而且在必要的時候也自願吃虧，表示他的豪爽、耿直；可是對於那些不能幫助他的人，馬上就可以換了一副面孔，其態度之傲慢、表情之難看、說話之難聽，真叫人難以想像。總之，這種人把商場中的壞習慣都學得青出於藍，如果再有一點表演天才，喜怒哀樂，收放自如，即使商場老手，社會經驗豐富的人，也會被耍得昏天暗地，上當受騙。

2、眼高手低、耐心不足型。

一些人不甘心替別人當員工，再加上現在要籌措一筆資金也不太困難，於是便有了自己當老闆的念頭。他們認為，只要有錢，做生意是件簡單的事情；只要自己往椅子一坐，自有手下的人替他效命賣力。他們認為有錢能使鬼推磨。聽起來，他們的想法一點也沒有錯，只要肯出高薪，不怕請不到人才，但是請來的人才如何用，這才是決定夠不夠資格當老闆的關鍵所在。

有些人本身貪圖享樂，不能從事艱苦複雜的創業工作，但每月的收入不足以維持自己的消費水準，看到當老闆的很神氣，出入有車，五星級飯店常常進出，應酬時燈紅酒綠，輕歌曼舞，於是便想自己去當老闆。然而他們只看到了成功後的享受和榮耀，卻看不見創業的艱辛，眼比天高，心比山大。沒有合夥之前說起創業來豪情壯志，信誓旦旦，發誓要做出一番事業，一旦正式掛牌運作，需要投入艱苦的奮鬥與長時間的努力時，以往所說的那種幹勁就慢慢消褪，或是得過且過，貪圖享樂；或是工作不再主動積極，以往吃別人頭路那些應付了事的壞習慣就出來了。很多受過良好教育，家庭環境又不錯的，現在個人收入勉強過得去的人，最容易成為眼高手低，耐心不足型的人。他們沒有受過生活的磨難，沒有經受過創業的挫折，不懂得創業的艱辛，便以為當老闆容易，做生意容易；眼高手低，耐心不足的毛病，便很容易在需要投入艱苦的工作、長時間的努力時顯現出來。

3、自以為是、剛愎自用型。

三國時代的馬謖自認為從小熟讀兵書，深知用兵之道，在守街亭時不聽副將王平的勸阻，執意要把營寨建在高山之上，結果被魏軍團團圍住，幾次突圍沒有成功，加上水源又被攔截，軍心動搖，終被魏軍擊敗，而致街亭失守。面對魏軍的長驅直入，幸虧諸葛亮大智大勇，導演了有名的空城計，方才轉危為安。馬謖的錯誤造成街亭失守，軍紀不容，諸葛亮不得不揮淚斬馬謖，從此，馬謖就成為自以為是、剛愎自用的歷史教材。

連馬謖這樣博學多才的人都能犯下彌天大錯，又何況是普通人呢？一些人自認為自己比別人聰明，分析能力比別人強，不聽不同的意見，總以為自己的觀點與看法是最好的。當別人對他的一些觀點或看法提出不同的意見時，他常認為沒有必要進行修改。對別人的意見或建議，輕易地給予否決，然而自己又提不出更好的方法來。思維方法則是以偏蓋全，偏激、固執，不與人合作。這樣的人當然不能與其合夥創業。

缺點當然不可避免，對於一般性的缺點與性格，我們在選擇合夥人時不能求全責備，要求對方十全十美；而事實上這也是辦不到的，因為我們自己也不是十全十美。

但對於具有上面所言的三種缺點與性格的人，我們一定不能與他們合夥創業，因為這些缺點錯誤是本質上的錯誤，是長期形成的，一時半刻也改不掉的。

唐朝大詩人白居易在一首詩中寫到：「贈君一法決狐疑，不用鑽龜與祝蓍。試玉要燒三日滿，辨才須待七年期。周公恐懼流言日，王莽謙恭未篡時。向使當初身便死，一生真偽複誰知。」在這裡，白居易強調了辨識別人的兩個基本方法：

一是實踐——試玉要燒三日滿；

二是時間——才須待七年期。

這些方法都值得我們做為篩選合作夥伴的學習和借鏡。

七、與夥伴們分享榮耀

有「心機」的人非常明白：一個人獨享成果，持一種「吃獨食」的心態，這樣會引起其他人的反感，從而為下一次合作帶來障礙。

正確對待榮耀的三種方法是：感謝、分享、謙卑。我們在此要特別強調的是分享，與人分享是一種獲得別人真誠合作的「心機」。

美國有家羅伯德家庭用品公司，八年來生產迅速發展，利潤以每年一八％至二

○%的速度增長。這是因為公司建立了利潤分享制度，把每年所賺的利潤，按規定的比率分配給每一個員工，這就是說，公司賺得越多，員工也就分得越多。員工明白了「水漲船高」的道理，人人奮勇，個個爭先，積極生產自不待說，還隨時隨地的挑剔產品的缺點與毛病，主動加以改進。

與人合作，有福同享，有難同當。當我們在工作崗位上做出成績，小有成就時，這當然是值得慶幸之事，也應當為自己高興。但是有一點，如果這一成績的取得是來自大家的功勞，或者離不開他人的幫助，那千萬別獨佔功勞，否則會讓人覺得好大喜功，搶佔了他人的功勞，如果某項成績的取得確實是個人的努力，當然應該值得高興，也會得到別人的祝賀。但千萬別高興的過了頭，一來可能會傷害有些人的自尊心，另一方面，現實社會中害「紅眼病」的人不少，如果你過分狂喜，可不逼得人家眼紅嗎？

有一位卡凡森先生很有活力，他是一家出版社的編輯，並擔任附屬的一個雜誌的主編。平時在公司裏上上下下關係都不錯，而且還很有才氣，工作之餘經常寫點東西。

有一次，他主編的雜誌在一次評選中獲了大獎，他感到十分得意，逢人便提自己的努力與成就，同事們當然也向他祝賀。但過了個把月，他卻失去了往日的笑容。他發現公司同事，包括他的上司和屬下，似乎都在有意無意地和他過意不去，並迴避著他。

過了一段時間，他才發現，他犯了「獨享榮耀」的錯誤。就事論事，這份雜誌之所以能得獎，主編的貢獻當然很大，但這也離不開其他人的努力，他們當然也應該分享這份榮耀。他們不會認為某個人才是唯一的功臣，總是認為自己「沒有功勞也有苦勞」，自己「獨享榮耀」當然會引起別人的不舒服，尤其是他的上司，更會因此而產生一種不安全感，害怕失去了權力。

所以，當我們在工作上有特別表現而受到肯定時，一定要長點「心機」，千萬要記住──別獨享榮耀，否則這份榮耀將會帶來人際關係的障礙。在獲得榮耀時，應該做到以下幾點：

1、**與人分享。**

別人或許不羨慕得了多少利潤，而是那種取得成績的感覺，應主動和口頭上感謝他人的幫助與合作。主動與人分享，這讓旁人有受尊重的感覺，如果這個榮耀事實上是眾人協力完成，那更不應該忘記這一點。可以採取多種方式與人分享，如請大家喝個飲料，或請大家吃一頓，這樣就不會傳出閒言閒語來。

2、**感謝他人。**

要感謝同事的協助，不要認為這都是自己的功勞。尤其要感謝上司，感謝他的提拔、指導、授權。如果實情也是如此，那麼本該如此感謝；如果同事的協助有限，上司也不值得恭維，感謝還是大有必要的，雖然顯得有點虛偽，但卻可以避免成為他人的箭靶。為什麼很多人上台領獎時，他們首先要講的話就是：「我很高興！但我要感謝……」，道理就是如此。這種「口惠而實不至」的感謝雖然缺乏

「實質」意義，但聽到的人心裏都會很愉快，因此也就不會遭忌啦。

3、為人謙卑。

得了榮譽，當然會沾沾自喜，有些人往往還會得意忘形，這種心情是可以理解的。但旁人就遭殃了，他們要忍受一而再、再而三的故事重播，卻又不敢出聲，因為要表現出風度。可是慢慢的，他們會在工作上有意無意地抵制，挫挫銳氣。因此有了榮耀時，要更加謙卑。不卑不亢不容易，但「卑」絕對勝過「亢」，就算「卑」的過分也沒有關係，謙卑之人是不會招來麻煩的。

在獲得榮耀時，對他人要更加客氣，榮耀越高，頭要越低。另一方面，別老是提及所獲得的榮耀，說多了，就變成了一種自我吹噓，既然榮耀大家早已經知道，那何必沒事就拿出來說嘴一番？

有「心機」的人不會獨享榮耀，說穿了就是不要去威脅別人的生存空間，因為一個人的榮耀會讓另一個變得黯淡，產生沒有安全感。獲得榮譽時，記得去感謝他人、與人分享、為人謙卑，好讓他人吃下了一顆定心丸。因此，當榮耀來臨時，一定要記住以上幾點。如果還是要去獨享榮耀，終有一天會自嘗苦果！

八、合作但不要輕信

生意場上合作可以，但是不能依賴最好的朋友，甚至是至親也不能相信。有「心機」的人總是給自己留一手，因為人心防不勝防，有防人之心就可應對突如其來的變故。

慈祥、和藹的爺爺正和小孫子在屋裏玩耍，爺爺滿臉愛意地和小孫子在沙發、窗台間轉來轉去，小孫子也玩的開心極了。

小孫子見爺爺今天心情這麼好，也異常頑皮。爺爺把他放在壁爐上，鼓勵他使勁兒往下跳，跳了一次，爺爺接住了他，又把他抱上壁爐，鼓勵他再跳。小孫子看見爺爺伸著手，毫不猶豫地跳下來，但這一次，爺爺突然縮回雙手，小孫子撲通一聲掉到地上，痛得大哭大鬧，爺爺卻在一旁微笑著。

面對旁人不解的神色，爺爺回答說：「我是個商人，我知道怎樣去相信別人。而小孫子並不知道，他以為爺爺是可靠的。但這樣的事情重覆上二至三遍，他就會漸漸明白：爺爺也不可靠，不要盲目相信任何人，靠得住的只有自己。」

對於瞬息萬變、風雲莫測的商場來說，相信人是應該慎之又慎的。虛假的需求資訊，深藏欺詐的報價，吹得天花亂墜的廣告，都是防不勝防的陷阱，若沒有「心機」，隨時可能血本無歸。

孫子兵法云：「知己知彼，百戰不殆。」尤其是與人合作，更不可忘記這一深刻的古訓。永遠對自己的對手保持警惕和戒備，隨時隨地密切注視對手的情況，如果徵信做得不徹底，就冒然與對方簽約做生意，將是十分危險的。據資深的廚師講，每條魚的紋路都不一樣，從魚的外觀可以分辨出魚的味道，然而我們多數人在和對手打交道很長時間後，仍然對對手的情況知之甚少，甚至我們還缺少對他們瞭解的好奇心，這樣粗枝大葉地做生意，又怎麼能指望獲得全面的勝利呢？

還有的人過分倚賴信譽。不錯，越來越多的商人懂得：建立良好的信譽，意味著生意的興隆。信譽作為自己的事情，當然越牢固越好。但具體到每一筆生意時，信譽是不能依靠的。

孫子兵法還說：「兵不厭詐。」有「心機」的商人和高明的騙子都知道這個道理，可能剛開始顯示的幾次信用，不過是引誘對象步向深淵的一個詐術。

在商場上，即使成功地與對方合作了一次，並不意味著下一次就有保證，人家不一定會因此信任，不必指望他會給你帶來多大的好處；同時，也不能因此完全信任對方，商場上沒有永遠的朋友也沒有永遠的敵人，每次都是「第一次」，所謂：「小心駛得萬年船。」正是這個道理。

第五章

處世講點「厚黑」：放下面子來做人

人要面子活受罪，與其天天活受罪，不如放下面子來做人。

所以，處世講點「厚黑」，只要臉皮不太厚，心也不太黑，做人就能做得完善，做事就能做得完美。

一、人心本不可知，待人何須知心？

人心隔肚皮，沒有人真正擁有所謂的讀心術，所以別人心中在想的事，腦中在動的念頭，是誰也無法準確得知的。即使最親近的人，我們都沒有辦法充分掌握他們的下一分、下一秒要做什麼事，更何況對那些我們認識不深或交往不久的人，我們怎麼能掏肝挖肺的將所有的心事、真心給全盤托出。我們都知道每個人都有自己的心機，當然我們也必須用百倍的心機來防備，必要時厚點臉皮也無妨。

「相交滿天下，知心有幾人？」這是一般人對處世中朋友易交，知己難尋的慨嘆。以這句話來看，交朋友以「知心」為最高境界，其實這是根本做不到的。小李上大學時，常到附近的一個水果攤買水果。去多了也混熟了，跟老闆就成了朋友。有一天，小李喉嚨沙啞，老闆問他為什麼不喝點椰子汁。小李說好啊！可是不知怎麼挑，老闆笑說：「我幫你挑，擺得越久的椰子，越甜也越好！」從那以後，小李常去買椰子，還帶朋友去，主動告訴朋友，擺得越久的椰子越好。有一次，小李跟女朋友一起去買了個椰子，特別請老闆幫忙挑。可是拿回家，才把椰子靠柄的地方削掉，就覺得軟軟的不對勁，等插進吸管嚐一口，差點吐了出來。那椰子殼裏的果肉，已經爛在椰子汁中，散發出一股酸臭的味道；小李明白自己上當了。長久以來，小李把那人當朋友，他卻只想把快壞掉的東西賣給小李這個笨蛋。小李後來常想，當自己介紹同學去向他買「爛椰子」的時候，他的笑容後面是怎麼想？他八成在笑這些買椰子的人都是一群書呆子。

《厚黑學》認為：每個人都有不欲為人窺見的隱私，人的內心也有一個不欲為人所知的隱秘堡壘，在這個堡壘裏，他是主人，有至高無上的權威，一旦這個堡壘被攻破，再也沒有隱密，只因暴露在眾人面前的不過爾爾和缺乏安全感的慌亂；而為了重建這個堡壘，他會反擊攻破他內心堡壘的力量，並施以報復，消滅那個力量，以保持堡壘的不再被侵犯。

在現代社會，人們的疑心病越來越重，不希望自己的內心被別人看穿，也不希望知道更多別人的內心。假若強要知心，便會引起對方的反彈，啟動他的防衛系統。這對人與人之間的交往有絕對負面的影響。

因此，《厚黑學》提醒：萬一具有某種靈慧，很容易知別人之心，那麼千萬別自以為聰明，向對方表現這個可能惹禍的知心術。三國時代的楊修就因為太聰明，太會揣摩曹操的心思，按道理，曹操應說：「知我者，楊修也。」可是他卻把楊修給殺了。楊修毫無「心機」地把自己知道的一切都說了出來，讓曹操失去了安全感！

試問，一個人如果心裏面在想些什麼都被知道的一清二楚，那他肯定也會學曹操的作為。

因此，在待人處世中，對上司、對同事、對朋友，甚至對兄弟、夫妻之間也都勿求知心，一定要切記：「知心」不是美德，而是災禍的種子！

二、該當「孫子」時必須當「孫子」

在勢力還不足以戰勝對方時，必須忍，當當「孫子」又有何妨，將來回過頭來，當時所受的委屈都可一次討回。

臥薪嚐膽的故事，常被用來鼓勵人們刻苦奮發，忍恥吞辱，戰勝困難，爭取勝利。在變幻莫測的政治鬥爭中，誰上誰下的情形隨時在變，或由輝煌轉向暗淡，或由高山峰巔跌入萬丈深淵，如何在這強烈的反差中控制好自己的情緒，累積力量，企圖東山再起呢？

春秋時，越王勾踐被吳王夫差打敗，退守在會稽山上，越王要求跟吳國講和，吳國的條件是要勾踐夫婦到吳國給夫差當僕役，而勾踐也答應了。

勾踐將國事委託給大夫文種，讓大夫范蠡隨他夫婦前往吳國。到了吳國，他們住在山洞石層中，夫差兩次外出，勾踐就親自為他牽馬。有人唾罵他，他也不在乎，低頭順從，始終表現出一副馴服的面孔，很討夫差歡心。

一次，夫差病了，勾踐在背地裏讓范蠡推測一下，知道此病不久就會好，他就親自去見夫差，探問病情，並親口嚐了嚐夫差的糞便，向夫差道賀，說他的病很快就會好的。夫差問他怎麼知道。勾踐就胡謅說：「我曾經跟名醫學過醫道，只要嚐一嚐病人的糞便，就能知道病的輕重。剛才我嚐了大王的糞便，味酸而稍微有點苦，用醫生的話說，是得了『時氣症』，所以病會好，大王不必擔心。」

果然不出幾天，夫差的病就好了。夫差認為勾踐比自己的兒子還孝順，深受感動，就把勾踐放回國去。

勾踐歸國後，深為會稽之恥而痛苦，一心伺機報仇。他睡不好覺，吃不好飯，不近美色，不看歌舞，苦心勞力，唇乾肺傷，對內愛撫群臣，對下教育百姓，經過三年百姓都歸順了他。

為了更好地籠絡群臣，每當有美味的食物，如果不夠分自己不敢獨吃，有酒把它倒入江中，與人民共飲，勾踐自己耕種吃飯，靠妻子親手織布穿衣，吃喝不求山珍海味，衣服不穿綾羅綢緞。為了堅持鍛鍊鬥志，不過舒服生活，連褥子都不用，床上鋪著柴草，還吊一個苦膽，隨時嚐一嚐苦味，以不忘所受之苦。他還經常外出巡視，隨從在車輛裝著食物去探望孤寡老弱病殘，並送給他們食物吃。

然後，他召集諸大夫，向他們宣告說：「我準備和吳國開戰，一拚死活，希望士大夫踏肝踐肺同日戰死，我跟吳王頸臂相交肉搏而亡，這是我最大的願望。如果這些辦不到，從國內考慮，估計我們的國力不足以損傷吳國，從國外結盟的諸侯也不能毀滅它，那麼，我將拋棄國家，離開群臣，自帶佩劍，手舉刺刀，改變容貌，更換姓名，去當僕役，拿著箕帚侍奉吳王，以便找機會跟吳王決戰。我知道這樣做非常危險，要被天下人所羞辱，但我的決心已定，一定要想辦法實現！」

後來越國終於與吳國在五湖決戰，吳國軍隊大敗，越軍包圍了吳王的王宮，攻下城門，活捉夫差，殺死吳國宰相。滅掉吳國兩年後，越國稱霸諸侯。

勾踐臥薪嚐膽的故事之所以千古流傳，不但是因為勾踐最後洗雪了恥辱以報國仇，更主要的是他那忍辱負重的精神，成為我們克服暫時的困難，知恥後進的楷模。這就是做人要有「心機」，該做「孫子」時就做「孫子」，目的是為日後成功做他人的「爺爺」。

由於勾踐被夫差打得大敗，他不得不屈服求和向吳國俯首稱臣，如果此時勾踐只憑意氣與夫差拚個魚死網破，恐怕越國將會在歷史上消失；於是，他一方面在吳國君臣面前表現得忠心耿耿，卑躬曲膝，擺出一副「奴才相」，不管吳國的臣子如何羞辱他，如何考驗他，也不管自己的親人屬下如何不理解他，恥笑他，他都一概忍受下來，但另一方面，勾踐的復國之心未死，東山再起的志向未滅，他臥薪嚐膽，刻苦圖強，任用范蠡、文種等人，十年生聚，十年教訓，終於轉弱為強，滅掉了吳國。勾踐的忍可以是幾年、十幾年，但這完全是策略性的，是一種瞞天過海的韜晦之計，是一種以屈求伸的雄才大略，這種人的謀略一旦成功，將一反忍的常態，變本加利地對他所忍的人進行清算。

此外，勾踐臥薪嚐膽，以屈求伸的故事還告訴我們要「知恥而後勇」。一般說來，一個人（或一個民族、一個國家）從知恥、忍恥到雪恥，這個過程必然有一段歷史距離。大多數受辱者，皆因當時的力量或者環境處於劣勢，在與人或命運抗爭的過程中，或由於力量懸殊，寡不敵眾，或由於天時地利不如對方，致使自己被對方打敗（或受凌辱）而遭受屈辱，但又不能立即雪恥，只能將恥辱強忍吞下，銘刻心頭，經過養精蓄銳，日漸強大，時機成熟再雪舊恥，所謂：「君子報仇，十年不晚」便是這個道理。

「知恥而後勇」，其實是忍今日之恥，而求明日之伸，但若一味地忍耐就是毫無意義。那麼，為何要忍呢？正是所謂：「十年河東，十年河西」，相信目前雖然處於不幸的環境中，但是終究會有峰迴路轉的一天，以此來不斷地提醒和鼓勵自己，忍受眼前一時的痛苦，等候時來運轉。這其中，最關鍵的是等待，要相信時間是公平的。《菜根譚》中曾有這樣一段話：「伏久者飛必高，開先者謝獨早，知此，可以免蹭蹬之憂，可以消躁急之念。」長久潛伏在林中的鳥，一旦展翅高飛，必然一飛沖天；迫不及待地綻開的花朵，必會早早凋謝。凡事焦躁無用，身處橫逆之中，只有善屈善忍，儲備精力，一鳴驚人的機會一定會來臨。

能夠忍恥，能夠忍受痛苦而等待，都是不忘恥辱的結果。古人說：「人不可以無恥，無恥之恥，無恥也。」也就是說，一個人不可以不知恥，不知道恥辱的恥辱，才是真正的恥辱。

對恥辱有兩種截然不同的態度：有人知恥、忍恥、雪恥。知恥後，一時無法雪恥，只好暫時隱忍，一旦時機成熟，立即將恥辱洗雪乾淨，勾踐就是其中的典型。但也有人受恥而不知恥，即所說的人百顏無恥或恬不知恥，也就是說，這種人能厚著臉皮忍恥而無信心、決心或勇氣雪恥，則是可悲可歎。

三國蜀後主劉禪就是這樣一個十足的無恥之徒。當時，魏國的鎮西將軍鄧艾攻蜀，一路過關斬將，直取成都，蜀國君臣成了亡國奴。後主劉禪不但親自乞降，又令蜀將姜維向魏將鍾會投降（他這樣做，並非像勾踐那樣屈一時之辱而後雪恥）。劉禪降魏後，魏主設宴招待他，有意安排演出蜀地原有的雜技，四周蜀國降者觀後極為悲傷，而劉禪卻興致極高，談笑風生。有一日，魏主問劉禪：「先生是否願歸蜀地！」劉禪竟然答道：「生活在這兒很快樂，不想回去了。」

可悲之極！

「為國而恥者，知恥而後進；為己而樂者，亡國不知恥」，後人這樣評價勾踐和劉禪。

有人說，在政治生涯中，應不問過程而求結果。同樣，在屈伸之間，伸是最終目的，屈為伸而服務，只伸不屈，會輸得頭破血流；只屈不伸，無作用無意義可言，只是窩窩囊囊地活著。

三、別耍小聰明——小聰明不是捷徑

前文曾提及，不要表現比別人聰明，人們看不起耍小聰明的人。認為這些人只會賣弄而無真才實學。即使真的很聰明，也要保留一份掩藏的「心機」。

蘇格拉底在雅典一再告誡他的門徒：「你只要知道一件事，那就是你一無所知。」孔老夫子也說：「人不知，而不慍，不亦君子乎！」

《莊子．雜篇》中有一則寓言：吳王乘船渡過長江，登上一座猴山。猴子們看見國王率領大隊人馬上山來了，都驚叫著逃進叢林，躲藏在樹叢茂密的地方。有一隻猴子卻從容自得，抓耳撓腦，在吳王面前竄上跳下，故意賣弄技巧。

吳王很討厭這隻猴子的輕浮，便張弓搭箭，向牠射去。這隻猴子存心要顯露本事，因此，當吳王的箭射來時牠就敏捷地躍起身，一把抓住飛箭。吳王轉過身去，示意隨從們一起放箭，箭如雨下，不可躲閃，那猴子終於被亂箭給射死。

這就是愛出風頭的下場，他們自以為掌握一點本事，就生怕別人不知道，無論在什麼人面前都想「露兩手」。總想表現自己，對一切都滿不在乎，頭腦膨脹，忘乎所以。在待人處世中，這種人十個有十個要失敗。

那麼，如何做人才算是不賣弄自己的聰明呢？不妨從以下三方面注意：

1、要在生活枝節問題上學會「隨眾」，蕭規曹隨，跟著別人的步履前進。美國的艾倫．芬特在《小照相機》一書中有過這樣的心理測驗：

一個人走進一家醫院的候診室，他向四周一看，感到非常驚訝：每個人都只穿著內衣內褲坐著等候。他們穿著內衣內褲喝咖啡、閱讀報刊雜誌以及聊天等，這個人起初非常驚奇，後來判斷這群人一定知道一些他所不知道的內情，於是二十秒鐘之後，這個人也脫下外衣，僅著內衣褲，坐著等候醫生。

這種隨眾附和的做法，至少有兩大實際目的：第一，社會上的群居生活，需要大家互相合作。第二，在某些情況下，當茫然不知所措時，該怎麼辦？當然是仿效他人的行為與見解，從而發掘正確的應對辦法。

2、不要讓人感覺你比他人更聰明。如果別人有過錯，無論採取什麼方式指出別人的錯誤：一個蔑視的眼神，一種不滿的腔調，一個不耐煩的手勢，都可能帶來難堪的後果。羅賓森教授在《下決心的過程》一書中，說過一段富有啟發性的話：「人，有時會很自然地改變自己的想法，但是如果有人說他錯了，他就會惱火，而更加固執己見。人，有時也會毫無根據地形成自己的想法，但是如果有人不同意他的想法，那反而會使他全心全意地去維護自己的想法。不是那些想法本身多麼珍貴，而是他的自尊心受到了威脅……」

3、講求辦法渴求主張，換一句話說，就是多一點具體措施，少一些高談闊論。年輕人，對於諸多事情，總是喜歡發表主張。主張是對於某種事物的觀察所得，觀察分析才能有所得。所得能夠成為一種主張，當然是一件可喜的事情。但是，如果急於求得理解，一有所得，不看狀況，不分場所，立即發表出來，往往是沒有什麼好處的。

少一點高談闊論，多一點具體的切實可行的辦法。譬如，上司和同事或者朋友，希望獲得幫忙辦某件事時，可以為想達到的目標提出一些可行辦法，總之，千方百計把問題解決了，這比發表「高見」更切實際。不說空話，而又能將事情處理好，將給人一種沉穩的成熟者的形象。

做人待人都要有種「心機」，就是別把別人都看成是一無是處的人。其實，我們周圍的人，都各有主張。多數人都不喜歡採納別人，尤其是下屬的主張，因為這往往會被認為有失身分，有損體面。如果我們把同事都看成是庸才，只有自己才有真知遠見，在一個團體內大鳴大放，被採納的百分比，恐怕是最低的，而且很可能是最先被淘汰出局的人。

為什麼要提倡「別賣弄自己的聰明」呢?這是因為「聰明」是相對的，而非絕對的。如果在這個人面前很聰明，很可能在另一個人面前，就不怎麼樣。所以，聰明還是不「聰明」並不是什麼做人的資本，反而是沒有「心機」的表現，根本不值得賣弄。

四、吃點小虧又何妨

該你的不用求，不該你的強求也得不到，正所謂：「命裏有時終需有，命裏無時莫強求。」

《老子》中說：「名與身孰親？身與貨孰多？得與失孰病？是故甚愛必大費，多藏必厚亡。故知足不辱，知止不殆，可以長久。」講的是人的一生中，名譽、名聲和生命到底哪個更重要呢？自身與財物相比，何者是第一位的呢？得到名利地位與喪失生命相衡量起來，哪一個是真正的得到，哪一個又是真正的失去呢？所以說，過分追求名利地位就會付出很大的代價，即使有龐大的家產，一旦有變則必然是巨大的損失。對於追求名利地位這些東西，要適可而止，否則就會受到屈辱，喪失一生中最為寶貴的東西。

老子的話極具辯證思想，告訴我們應該站在一個什麼樣的立場上看得失的問題。也許一個人可以做到虛懷若谷，大智若愚，但是事事吃虧，總覺得自己凡事都遭受損失，漸漸地就會心理不平衡，於是也會開始計較自己的得失，再也不肯忍氣吞聲地吃虧，一定要分辨個明明白白，結果朋友、同事之間是非不斷，自己也惹得一肚子悶氣，而想得到的也照樣沒有得到，這其實就是得不償失啊！

春秋戰國時期的宓子賤，是孔子的弟子，魯國人。有一次齊國進攻魯國，戰火迅速向魯國單父地區推進，而此時宓子賤正在做單父宰。當時正值麥收季節，大片的麥子已經成熟了，不久就能夠收割入庫，可是戰爭一來，這眼看到手的糧食就會讓齊國搶走。當地一些父老向宓子賤提出建議，說：「麥子馬上就熟了，應該趕在齊國軍隊到來之前，讓咱們這裡的老百姓去搶收，不管是誰種的，誰搶收了就歸誰所有，肥水不流外人田。」另一些人也認為：「是啊，這樣把糧食搶收下來，可以增加我們魯國的糧食，而齊國的軍隊也搶不走麥子來作軍糧，他們沒有糧食，自然也就堅持不了多久。」儘管鄉中父老再三請求，宓子賤堅決不同意這種做法，過了一些日子，齊軍一來，把單父地區的小麥一搶而空。

為了這件事，許多父老都埋怨宓子賤，魯國的大貴族季孫氏也非常憤怒，派使臣向宓子賤興師問罪。宓子賤說：「今年沒有麥子，明年我們可以再種。如果官府這次發布告令，讓人們去搶收麥子，那些不種麥子的人就能不勞而獲，得到不少好處，單父的百姓也許能搶回來一些麥子，但是那些趁火打劫的人以後便會年年期盼敵國的入侵，民風也會變得越來越壞，不是嗎？其實單父一年的小麥產量，對於魯國的強弱的影響微乎其微，魯國不因為得到單父的麥子就強大起來，也不會因為失去單父這一年的小麥而衰弱下去。但是如果讓單父的老百姓，以至於魯國的老百姓都存有這種借敵國入侵能獲取意外財物的心理，這是危害我們魯國的大敵，這種僥倖獲利的心理難以整治，那才是我們幾代人的大損失呀！」

宓子賤自有他的得失觀，他之所以拒絕父老的勸諫，讓入侵魯國的齊軍搶走了麥子，是失掉的是有形、有限的那一點點糧食，而讓民眾存有僥倖得財得利的心理才是無形、無限、長久的損失。得與失應該如何取捨，宓子賤做出了正確的選擇。要忍一時的失，才能有長久的得，要能忍小失，才能有大的收穫。

中國歷史上很多先哲都明白得失之間的關係，他們看重的是自身的修養，而非一時一事的得與失。春秋戰國時期的子文，擔任楚國的令尹。這個人三次做官，任令尹之職，卻從不喜形於色，三次被免職，也怒不形於色。這是因為他心裏平靜，認為得失和他沒有關係。子文心胸寬廣，明白爭一時的得失是毫無用處的。該失的，爭也不一定能夠得到，越得不到，心理越不平衡，對自己是毫無益處，不如不去計較這一點點損失。

患得患失的人往往將個人的得失看得非常重。其實人生百年，貪慾再多，官位權勢再大，錢財再多，一樣也是生不帶來死不帶去，處心積慮，挖空心思地巧取豪奪，難道就是人生的目的？這樣的人生難道就美滿、就幸福嗎？過於注重個人的得失，常使一個人變得心胸狹隘、斤斤計較、目光短淺。而一旦將個人利益的得失置之於腦後，便能夠輕鬆對待身邊所發生的事，遇事能從大局著眼，從長遠利益考慮問題。例如：南朝梁人張率，十二歲時就能做文章。天監年間，擔任司徒的職務，他喜歡喝酒。在景安的時候，他曾派家中的僕人運三百石米回家，等運到家裏，米已經耗去了大半。張率問其原因，僕人們回答說：「米被老鼠和鳥雀損耗掉了。」張率笑著說：「好大的鼠雀！」始終不再追究。張率不把財產的損失放在心上，是他的為人有氣度，同時也看出來他的作風。糧食不可能被鼠雀吞掉那麼多，必是僕人所為，但追究起來，主僕之間關係僵化，糧食還能收得回來嗎？糧食已難收回，又造成主僕關係的惡化，這不是失的更多、更大嗎？同樣，唐朝柳公權，家中的東西總是被奴婢們偷走。他曾經收藏了一筐銀盃，雖然筐子外面的印封依然如故，但其中的銀盃卻不見了，那些奴婢反而說不知道。柳公權笑著說：「銀盃都化成仙了。」從此不再追問。

《老子》中說：「禍往往與福同在，福中往往就潛伏著禍。」得到了不一定就是好事，失去了也不見得是件壞事。正確地看待個人的得失，不患得患失，才能真正有所得。人不應該為表面的得到而沾沾自喜，認識人，認識事物，都應該是認識他的根本。得也應得到真的東西，不要為虛假的東西所迷惑。失去固然可惜，但也要看失去的是什麼，如果是自身的缺點、問題，這樣的失又有什麼值得惋惜的呢？

五、夾起尾巴做人

小小成績，便不可一世，這樣的人多是小人得志。

人生大致有兩個狀態難以把持，一個是失敗甚至是慘敗的時候，一個是成功的有一點兒誇張的時候，前一種好理解，其實，後一種更為重要。因為這種「大意」很可能讓你轉勝為敗。所以，任何人都需要夾緊尾巴，這似乎已經承認了某種惡劣的人性，但是，很難有其他的辦法讓全世界的人都有尊重別人自由的理念。如果碰上蘇東坡，再弄那麼一套「茶，上茶，上好茶」的過程，大概就有點白目了。

在這個世界上，無論怎樣彰顯自己，充其量不過都是個普通人，今天所擁有的一切都是因為自己過去的奮鬥，而裏面其實夾雜著別人的不少心血。因此，名人的尾巴夾得很緊，他們和別人的差距不在於他是一個名人，而在於他們知道人這一輩子不容易，得活自己的，更要尊重別人的。無論怎麼樣，都不能惹人厭，動不動就跟人家大聲小聲的，誰有功夫搭理呀。學會這一點比什麼都重要。

夾緊尾巴是一種道德選擇，因為這不僅代表著個人的清醒，還代表著對以往朋友幫助的感謝。一個忘恩負義的人，必然把尾巴翹得高高的，殊不知，一部人類史，正是人在道德目標的引導下不斷前進上升的歷史。抑制不良的慾望，就要保持一顆平常之心，趕走狂妄的情緒。正如《菜根譚》所說：「冷眼觀人，冷耳聽語，冷情當感，冷心思理。」因為：「性躁心粗者一事無成，心平氣和者百福自集。」

趾高氣昂的人要獲得人生智慧的增長，就應該向一切尊重人類生命的道德力量鞠躬，包括面對年輕人，不要擔心自己表現出愚蠢的樣子，人應該全面地發展，就必須質樸謹慎求實。我們衡量一個人有多麼成功，從來不看他下巴翹得有多高，看的是他腳踏實地的能量。

六、真面不要真心

如果把所有的想法和心思都暴露出來，在別人眼中其實再傻不過了。可見做人待人不能毫無「心機」，要懂得適度掩藏自己，尤其是那些容易觸犯眾怒的地方。

西方有本書上曾這樣說：「如果對方無法接受毫無掩飾的我，未嘗不是好事。」其實，從人性的洞察來看，這就是一件好事。因為，現實社會中，除了禽獸和野蠻人，正常人哪裡會是毫無掩飾的「玻璃人」呢？

李宗吾在《厚黑叢話》中說：「我把厚黑學講完了，特別告訴讀者一個秘訣，大凡行使厚黑之時，表面上，一定要敷一層仁義道德，不能把它赤裸裸的表現出來，王莽之所以失敗，就由於後來把它顯露出來的緣故。如果終身不露，恐怕至今孔廟中，還會有一個『先儒王莽之位』大吃冷豬肉。韓非《說難篇》有曰：『陰稱其言而顯棄其身。』這個法子，諸君不可不知。假如有人問你：『認得李宗吾否？』你須做出最莊嚴的面孔說道：『這個人壞極了，他是講厚黑學的，我怎麼可能認得他。』口雖如此說，而心中則恭恭敬敬地供一個『大成至聖先師李宗吾之位』。果能這樣做，包管你生前的事業驚天動地，死後還要在孔廟中吃冷豬肉。所以我每聽見有人罵我，『李宗吾壞極了！』就非常高興地說道：『吾道大行矣！』還有一層，我說：『厚黑上面，要敷一層仁義道德。』這是指遇著道學先生而言，假如遇著講性學的朋友，你也和他講仁義道德，豈非自討沒趣？這個時候，則應當敷上『戀愛神聖』四字。總之，厚黑二字是萬變不離其宗，至於表面上到底該敷什麼，則須因時因地，神而明之。」

這段話要告訴我們的是：現代人的一大特色就是虛偽與口是心非，儘管對《厚黑學》愛之入骨，表面上也必須在口頭上對其咬牙切齒，為了討好道學先生也。所以，做人一定要戴上面具，以「心機」適當掩蓋自己。此面具的功用，好比機械運轉所需要的潤滑劑，可以使機器運轉得更加順暢。至於什麼場合應該戴什麼面具，就像戲台上唱什麼角色該穿什麼戲服一樣，是不可能一成不變的。引申到辦公室文化中，以下三條金科玉律，相信會可以協助處理好複雜的人際關係：

第一條：在公司裏不可隨便與人交心。現實中，任何一個單位都不是真空般一塵不染，正人君子有之，奸佞小人亦有之；既有坦途，也有暗礁。在複雜的環境下，不注意說話的內容、分寸、方式和目的，往往容易招惹是非，授人以柄，甚至禍從口出。

俗話說：「人不為己，天誅地滅。」人只有先求安身立命，適應環境，然後才能設法改造環境，順利地走上成功之道。因此，說話小心些，為人謹慎些，可以避開生活的禁區，使自己置身於進可攻、退可守的有利位置，並牢牢地把握人生的主動權。

況且，一個毫無城府、喋喋不休的人，會顯得淺薄俗氣、缺乏涵養而不受歡迎。西方有句諺語說得好：「上帝之所以給人一張嘴巴、兩個耳朵，就是要人多聽少說。」

下班之後，與同事一起喝杯酒，聊聊天，不但有助於日常工作，還可能知道單位裏有關的消息。因此，單位舉辦的各種聚會，自然要積極參加，就算是與同事及上司打上一兩場「社交麻將」也很有必要，但有一點要時刻切記：不可隨便與任何人交心。

第二條：隨時注意保護自己。藍領與白領不同的地方之一，是藍領向上流動性不大，升遷的機會不多。因此，藍領階級打的是正規戰術，集體討價還價，爭取共同的利益。而白領階層則大多都有個別拚搏的機會，獲得升遷是單打獨鬥的結果，甚至是踩著別人的肩膀往上爬的結果。因此白領之間不但沒有藍領的那種革命感情，往往還互相猜忌，爾虞我詐。這種生存競爭環境，猶如深入敵後、孤軍作戰的游擊隊。

是游擊隊，就得打游擊戰！游擊戰的最高原則是「保存自己，消滅敵人。」許多力爭上游的白領，很注意將對手打倒，卻往往不善於保護自己，這是不足取的。《厚黑學》認為：一方面要友好競爭，另一方面更要在眾人的競爭中保存自己，在勢孤力弱的情況下，就要夾緊尾巴，千萬不要露出自己全力拚搏、一心往上爬的野心，以免成為眾矢之的。

俗話說：「不招人忌是庸才。」但在一個小圈子裏，招人忌者是蠢才。精明而有「心機」的人，往往在積極爭取往上前進的同時，還能很自然地擺出一副「只問耕耘，不問收穫」的超然態度。

第三條：別替人背黑鍋。在任何一個單位裏，做事好壞對錯，很多時候是由主管主觀決定的。如果主管意志強，下屬多少都要努力工作；主管若自以為是，下屬便會唯唯諾諾。但有一些主管只是向他的頂頭上司交待功課而已，工作敷衍了事，得過且過。在這樣的環境之下，最重要的事情就是不要出事，一切如常就不會勾起主管的雷霆之怒。但如果出現差錯，主管為了向他的主管交待，就會抓住一個人做代罪羔羊，幫他背黑鍋。雖然說有的時候替主管背黑鍋，能夠換來更大的回報，但大多數情況下，替別人背黑鍋是非常划不來的蠢事。

要不背黑鍋就是不要冒險，不馬虎，事事有根據，白紙黑字，即使錯了也有充分的理由解釋。另一方面，一件事的對錯，錯的大小，是否追究以及應該如何處罰，往往都是主管決定。大事化小或小題大作，都在主管的一念之間。因此，在這種情況下，人緣好，特別是與主管的關係不錯，就會較少受罪。

七、軟硬兼施，以牙還牙

人還是存有動物的鬥性的，互相欺詐、壓迫的現象，也普遍存在著。要不被別人欺負，就要有點鋒芒，如何抗拒別人還不得罪人，就要看做人的本事和「心機」了。

俗話說：「軟的怕硬的，硬的怕不要命的。」吃柿子專撿軟的。生活中一些蠻橫霸道的惡人之所以能夠得意一時，就是因為一般人忍氣吞聲慣了。他們往往找那些軟弱善良者作威作福、發火撒野，因為他們清楚，這樣做並不會招致什麼不可收拾的後果。在我們身邊的環境裏到處都有這樣的受氣者，他們看起來軟弱可欺，最終也必然為人所欺。因為一個人表面上的軟弱，事實上也助長和縱容了別人侵犯的氣焰。

人是應該有一點鋒芒的，雖然在待人處世中沒必要像刺蝟那樣全副武裝，渾身帶刺，至少也要像那些兇猛的動物一樣，讓人覺得不是好惹才是。特別是對於那些沒事找事的惡人，要讓他們瞭解「人不犯我，我不犯人」的原則。

樹立一個不好惹的形象，是確保自己不受欺侮的一條很重要的做人「心機」。這一形象會時刻提醒別人，沒事招惹是要承擔後果並付出更大代價的。

有這樣一則真實的故事，倒是可以給我們一些啟示。在八〇年代中期中國南方某地一個市集裏，有一個地痞無賴，仗著自己練過幾天功夫，會耍幾手三角貓兒的拳腳，在小鎮的市場上為非作歹、為所欲為。最令人氣憤的是，他總是拎了這個攤位的雞，又拿了那個販子上的肉，卻總是不給錢。誰要向他討，他就說先賒著以後一塊兒給。但誰真向他要時，他便會大打出手，或是想法子弄得人無法在此地待下去。大家對這樣一個無賴小人真是敢怒而不敢言。

然而有一天，這個無賴卻碰到對手。一大早無賴就來到市場上，只見他走到一個豬肉攤前，用右手點著一塊肉要攤主割下來給他，那位攤主是位年輕人，聽他一說，二話不講，操起刀就在案子邊的條石上霍霍地磨了起來。這個無賴見此，也只好站在那等著。此時，攤邊上的人開始聚攏過來，一半是看熱鬧，一半是想親眼目睹一下這個無賴如何橫行霸道。豈知，這位攤主磨了好幾分鐘還沒有罷手。此時，無賴急了，張口就罵，要攤主快點兒。只見這位攤主不慌不忙地應了一聲，把磨得閃亮的刀往陽光下一擺，一道寒光直照到無賴的眼睛上去。無賴心中一驚，不由得打了一個冷顫。他又催攤主趕快割肉，但語氣明顯緩和了一些。攤主拿著刀，對著這個無賴想要的那塊肉就砍下去，只聽「刷」地一聲，一大塊的肉就被割了下來。更令人叫絕的是，也就這一刀，把肉中連著的骨頭也砍斷了。見此情形，這個無賴心中又是一愣。

然而，事情還沒有完，攤主把肉砍好之後，並不是像往常那樣，把刀擱在案子上就算了，而是出乎意料之外地朝身邊幾尺遠的一塊木板上扔去。隨著「啪」地一聲響，那把剁肉刀便插在木板上，與其他幾把並排，排列得非常整齊。

哦！原來這是他的刀板。同樣令人奇怪的是，這回無賴並沒有像往常那樣，拿起肉揚長而去，而是叫攤主稱了稱，乖乖的把錢給付了。

當然，我們每個人都不可能有這樣的絕活。但是，這則故事告訴我們的是：透過某種形式、某種物品、某個動作，給小人一種暗示，自己絕對不是好惹的，更不是好欺負的。實際上是在告訴小人，一旦被逼急了，羔羊也是會變成猛虎的，「兔子急了還會咬人」，更何況人！在待人處世中，學會對人的性格做具體分析，對性格活潑者可以隨意調侃，開個玩笑什麼的；對秉性拘謹而抑鬱者，則宜於推心置腹地促膝談心；對於性情耿直者，可以直言不諱，即使偶有失言，也無礙大事；而對於敏感多疑者則應掌握措辭的分寸，出言之前應三思，力求辭能達意。

一個人在社會中生存和發展，只要能夠顯示出不是一個容易被欺侮的形象來，就能夠做到不受氣。當然不必現還現報立竿見影，只要花點「心機」，能抓住一兩件事大做文章，讓冒犯者嘗到厲害，就能收到一種「殺雞儆猴」的效果，產生明顯的警告作用。

哪些形象最不易受欺侮呢？這裡不妨略舉一二：

1、潑辣的形象。

所謂的潑辣，便是敢說別人不好意思說出口的話，敢做別人不好意思表現的舉動。誰敢讓他受氣，誰當面就會下不了台。敢哭敢鬧、敢拚敢罵，口才好又敢爆別人的料、掀對方的底牌，所以，很少有人敢惹這種人，以免自討沒趣。

2、愛玩命的形象。

其實，人類一切的弱點都可歸結為一個「怕」字，而怕死則是人類最本能的一種東西。那些愛玩命的人，往往喜歡用武力解決問題，以玉石俱焚的態度來實現自己的意志，這種遊戲自然是一般人不敢玩，而且也玩不起的。

3、有仇必報的形象。

每個人都知道，仇恨是一種非常可怕的東西，而其最可怕的地方莫過於它像顆不定時炸彈，令人防不勝防。所謂：君子報仇十年不晚，就是這個意思。當然，我們這裡並非提倡人們動不動就去報仇，而是說在大是大非的原則問題上，應該做到還以顏色。

4、實力派形象。

塑造實力派形象在平常時就要藉機展示自己雄厚的實力，比如，令人羨慕的專業本領、廣泛的人脈關係、神秘莫測的後台等等，這些都會在周圍的人群中造成一種印象，即：不發威則已，一旦發威則後果難當。所以，人們一般不敢招惹這類人物，持有這種形象的人也很少受氣。

有了一個不好惹、不受氣甚至敢玩命的形象，就好比是種下了一棵大樹，從此便可以在樹蔭下納涼，不用擔心別人敢平白無故地欺侮和招惹。

八、朝秦暮楚並不為過

堅持真理並沒有錯，但是如果堅持的東西已經錯了，或者是已經過時的，還要不要堅持呢？答案當然是：不。做人，首先要考慮自我的發展，這是做人不言而喻的「心機」。為了這個，朝秦暮楚雖稍顯厚黑，但卻不為過。

中國有句老話叫做：「忠臣不事二主，好女不嫁二夫」。其實，從《厚黑學》

角度來看，持這種觀點的人未免太過迂腐。常言道：「良禽擇木而棲，良臣擇主而事。」倘若遇到一個絲毫不賞識的主管，整天度日如年，處於水深火熱之中，儘管使盡渾身解數也難有出頭之日。

在這種情況下，棄暗投明、改換門庭也不是什麼違背原則的事。或者所遇到的主管，根本就是那扶不起來的阿斗，那又何必跟著活受罪呢？「男怕入錯行，女怕嫁錯郎」，《厚黑學》卻認為，「入錯行」與「嫁錯郎」都不可怕，最可怕的是知錯不改。天下之大，為什麼非要在同一棵樹上吊死呢？「入錯行」，跳槽重新選擇就是了，「嫁錯郎」，趕緊離婚另尋如意郎君。

中國古代最著名的謀略家姜子牙，既是一位善於出謀劃策的謀略大師，也是一個「朝秦暮楚」之徒，在當時那種以當「忠臣」為榮的時代，姜子牙才不管什麼「忠」與「不忠」，在他眼裏根本就沒有什麼能不能「事二主」，而是巧用計策，果斷地投入「二主」的懷抱，並且鼓動和幫著「二主」毫不手軟地奪了「先主」的江山社稷。

姜子牙，本名呂尚，是我國上古時期最為著名的政治家和軍事家。姜子牙生活在商朝末年，當時紂王無道，荒淫無度，社會矛盾急劇激化。與此同時，商王朝周圍各諸侯國迅速掘起，特別是西伯姬昌(後為周文王)勵精圖志，大有取代殷商之勢。

姜子牙生逢亂世，雖有經天緯地之才，無奈報國無門，潦倒半生。他曾在商王宮中做過多年小吏，雖然職低位卑，但卻處處留心。他看到商紂王整天沉湎酒色，荒廢國政，幾次想冒死進諫。一則想救民於水火，二則可以因此受到商紂王的賞識，或許能加官晉爵。然而姜子牙後來見到大臣比干等人皆因直諫而送了命，便知商朝氣數已盡，商紂王已不可救藥，自己不願糊裏糊塗地陪無道的商紂王殉葬。於是，決定另攀高枝，改換門庭。

當時，姬昌立志復興周國，除掉紂王，求賢若渴，正是用人之時。姜子牙為了引起姬昌的注意，一開始便能獲得姬昌的器重，便採取欲擒故縱的策略，在渭水之濱的茲泉釣魚。這個地方風景秀麗，人跡罕至，是個隱居的好地方。當然，姜子牙並非是要在這裡老死林下，而是在此靜觀世變，待機而行。

這一天，姜子牙聽說姬昌要來附近行圍打獵，便假裝在茲泉垂釣。這時候，姜子牙還是個無名之輩，身為西伯的姬昌當然不會認得他，但姜子牙卻見過姬昌。為了引起姬昌的注意，他故意把魚鉤提離水面三尺以上，而且鉤上也不放魚餌。這種荒誕的舉動，果然讓姬昌覺得奇怪，便走上前充滿好奇地問道：「別人垂釣都以誘餌，鉤入水中。先生這般釣法，能使魚上鉤嗎？」

姜子牙見姬昌對人態度謙和，對自己這個年邁的老者，沒有一點「伯爵」的架子，果然是個非凡人物，便進一步試探道：「體道鉤離奇，自有負命者。世人皆知紂王無道，可是西伯長子就甘願上鉤。紂王自以為智足以拒諫，言足以飾非，卻放跑了有取而代之之心的西伯姬昌。」

姬昌聞聽此言，大吃一驚。心想：這位老人身居深山，何以能知天下大事？更為不解的是，他怎能把我姬昌的心跡看得如此透徹？肯定不是凡人！便趕緊躬身施禮，態度誠懇地說道：「願聞賢士大名？」

「在下並非賢士，乃老朽呂尚是也。」

「剛才偶聽先生所言，真知灼見，字字珠璣，不瞞先生，足下就是你說到的姬昌。」

姜子牙此時才裝出一副吃驚的樣子，誠惶誠恐地說：「老朽不知，癡言妄語，請西伯恕罪。」。

姬昌連忙誠懇地說道：「先生何出此言！今紂王無道，天下紛亂，如先生不棄，請您隨我出山，興周滅商，拯救黎民百姓。」

姜子牙假意客套了一番，即隨同姬昌一起乘車回宮，一路上縱論天下大勢，口若懸河。姬昌如魚得水，相見恨晚，回宮之後，立即拜姜子牙為太師，視為心腹。從此以後，姜子牙官運亨通，飛黃騰達，並且為滅商興周出了大力。

俗話說，姜太公釣魚願者上鉤。姜子牙，在商紂王這棵大樹即將倒下，無法再行依靠的時候，略施小計便攀上了姬昌這棵長勢茂盛的大樹。果斷地棄暗投明，「事二主」做了周朝的太師。倘若他愚頑地報定「忠臣不事二主」的陳腐觀念，恐怕到老死也不過是商紂王，宮中一個叫不上名字的小官吏，永無出頭之日。

姜子牙的「心機」並不為過，事實證明他的舉動無論是對於自己，對於文王，還是對於商周子民都是有利的。姜子牙做人稍顯厚黑，便留名青史，其做人的智慧可說是爐火純青了。

九、低頭因在屋簷下

《紅樓夢》裏的林黛玉，因寄人籬下，自認為「不敢多行一步路，不敢多說一句話」，這就是人在屋簷下，一定要低頭的道理。一個人暫時處於劣勢，靠著別人生活，還要飛揚跋扈，豈不貽笑大方？人在屋簷下，一定要低頭，是明哲保身的「心機」。

有一句俗語，叫做：「人在屋簷下，不得不低頭。」意思是說人在權勢、機會不如別人的時候，不能不低頭退讓，但對於這種情況，不同的人可能會採取不同的態度。有志進取者，將此當作磨練自己的機會，藉此取得休養生息的時間，以圖將來東山再起，而絕不一味地消極乃至消沉；那些經不起困難和挫折的人，往往將此看作是事業的盡頭，或是畏縮不前，不願想方法克服眼前的困難，只是一味地怨天尤人聽天由命。

所謂的「屋簷」，說明白些，就是別人的勢力範圍，換句話說，只要人在這勢力範圍之中，並且靠這勢力生存，那麼就是在別人的屋簷下。這屋簷有的很高，任何人都可抬頭站著，但這種屋簷並不多，以人類容易排斥「非我族群」的天性來看，大部分的屋簷都是非常低的！也就是說，進入別人的勢力範圍時，會受到很多有意或無意的排擠和限制，不知從何而來的欺壓，這種情形在人的一生當中，至少會發生一次以上。除非有了自己的一片天空，是個強人不用靠別人來過日子。可是誰能保證一輩子都可以如此自由自在，不用人在屋簷下避避風雨呢？所以，人在屋簷下時的心胸就有必要做調整。

如果不喜歡厚黑，那也罷。但是已經站在了別人的屋簷下，就「一定」要厚起臉皮低頭，不用別人來提醒，也不用撞到屋簷了才低頭。這是一種對客觀環境的理性認知，沒有絲毫勉強，所以根本不要有什麼不好意思和拉不下面子。與生存相比，面子又值多少錢？在生存與面子相互矛盾時，還是以生存為第一！這就是做人要講厚黑的「心機」。

「一定要低頭」，有非常多的好處：不會因為不情願低頭而碰破了頭；因為很自然地就低下了頭，而不致成為明顯的目標；不會因為沉不住氣而想把「屋簷」拆了。要知道，不管拆得掉拆不掉，總要受傷的，因為老祖宗早就有「傷敵一千，自損八百」的古訓。不會因為脖子太酸，忍受不了而離開能夠躲風避雨的「屋簷」。離開不是不可以，但要去那裡？這是必須考慮的。而且離開後想再回來，那是很不容易的。在「屋簷」下待久了，就有可能成為屋內的一員，甚至還有可能把屋內人趕出來，自己當主人，乞丐變廟公。

在中國歷史上，政治鬥爭、軍事鬥爭極其複雜，更是瞬息萬變，忍受暫時的屈辱，厚臉低頭磨練自己的意志，尋找合適的機會，也就成了一個成功者必不可少的心理建設。所謂：「尺蠖之曲，以求伸也，龍蛇之蟄，以求存也。」正是這個意思。西漢時期的韓信忍胯下之辱正是這種「一定要低頭」的最好體現。因為若他不低頭就會把自己弄到和地痞無賴同等的地步，奮起還擊，鬧出人命吃官司不說，還很可能賠上一條小命。

另一種更高層次上的「一定要低頭」，是有意識地主動消隱一個階段，藉由這一階段來瞭解各方面的情況，消除各方面的疑慮，為將來的大舉行動做好事前的準備工作。

隋朝的時候，隋煬帝十分殘暴，各地農民起義風起雲湧，隋朝的許多官員也紛紛倒戈，轉向農民起義軍，因此，隋煬帝的疑心很重，對朝中大臣，尤其是外藩重臣，更是易起疑心。唐國公李淵(即唐太祖)曾多次擔任中央和地方官，所到之處，悉心結納當地的英雄豪傑，多方樹立恩德，因而聲望很高，許多人都來歸附。這樣，大家都替他擔心，怕遭到隋煬帝的猜忌。正在這時，隋煬帝下詔讓李淵到他的行宮去覲見。李淵因病未能前往，隋煬帝很不高興，多少有點猜疑之心。當時，李淵的外甥女王氏是隋煬帝的妃子，隋煬帝向她問起李淵未來覲見的原因，王氏回答說是因為病了，隋煬帝又問道：「會死嗎？」

王氏把這消息傳給了李淵，李淵更加謹慎起來，他知道遲早為隋煬帝所不容，但過早起事力量又不足，只好縮頭隱忍，等待時機。於是，他故意廣納賄賂，敗壞自己的名聲，整天沉湎於聲色犬馬之中，而且大肆張揚。隋煬帝聽到這些，果然放鬆了對他的警惕。試想，如果當初李淵不低頭，或者頭低得稍微有點勉強，很可能就被正猜疑他的隋煬帝楊廣送上了斷頭台，哪裡還會有後來的太原起兵和大唐帝國的建立。

做人「一定要低頭」的目的是為了讓自己與現實環境有和諧的關係，把二者的磨擦降至最低，也是為了保存自己的能量，好走更長遠的路，更為了把不利的環境轉化成對自己有利的力量，這是做人的一種「心機」，一種權變，更是最高明的生存智慧。

《厚黑學》說：「人在屋簷下」是待人處世經常遇到的情況，它會以很多不同的方式出現，當看到了「屋簷」，請不要「不得不」，而要告訴自己：「一定要低頭」！當然，低頭也要在低頭中尋找智慧，不能白低了頭。

第六章

懂方圓之道：沒事不惹事，有事不怕事

做人要有「心機」，就要懂得方圓之道。能夠「亦方亦圓」，那麼何為「方」來何為「圓」？

一般來說，自然形成的都是圓的，人為修飾的都是方的，因此，方為動，圓為靜，方是原則，圓是機變，方是以不變應萬變，圓是以萬變應不變。外表要圓(大智若愚)，內心要方(清靜明志)；對己要方(嚴以律己)，對人要圓(寬以待人)。有圓無方則不立，有方無圓則滯泥。所以，做人時能亦方亦圓，方中有圓，圓內容方，就能夠在交際中應付自如，沒事不惹事，有事不怕事。

一、忍，但不能一味忍

「小不忍則亂大謀」，講究做事的方圓之道，要想成大事必須忍受暫時的小痛，但是「忍」並非沒有原則的忍。不該忍的忍，那是懦弱的表現；該忍的不忍，那是魯莽的作為。做人懂方圓之道，自然處忍與不忍於胸腹之中。

有的人確實是性格上天生溫和、善良，但要注意從維護自己的形象和利益出發。心裏要清楚，孰可忍孰不可忍。如果忍讓帶著點「討好」的味道，那就大錯特錯了。靠忍讓去換得別人的好感，通常都是適得其反，除非遇到一個非常善良的智者或者氣味相投喜歡一味忍讓的人。

一忍再忍，就會讓人覺得軟弱，分不清是非。在忍讓的同時，總會在是非問題上做些妥協，久而久之，會發現有些時候自己也搞不清到底什麼是對，什麼是錯。如果在原則問題上一再忍讓，有時會害了自己。犯了錯誤，甚至誤導法網，自己還莫名其妙。

忍久了，自己也會覺得很壓抑。很少有人能非常輕鬆地、愉快地一再忍讓別人，大多數情況下，在心裏總要做一番掙扎。忍讓的次數越多，越是痛苦。這種壓抑的心情會帶來很大的副作用，最大的不利是損害健康。一般來說，別人是不會把一再忍讓當做適可而止的信號，相反卻更加得寸進尺。妻子對丈夫越軌行為的一再忍讓，只會使丈夫為所欲為，變本加厲，甚至他會某一天突然認為這是正常的。母親對子女不良行為的一再忍讓，會使不懂事的孩子誤入歧途。一再忍讓可能導致最終結果的不可收拾，讓人後悔不已。

喜歡一味忍讓的人，應該告訴自己在適當的時候要提醒一下別人，或在關鍵時候予以回擊，不要讓自己的原則受到侵犯。對於一些善意的玩笑，一時過火的行為，忍讓一下可以顯示你的涵養，但對於那些持續性、污辱性的甚至幾近無賴的侵犯，忍讓就等於綿羊投降於惡狼面前，這時候需要的是反抗。當然在此之前不妨先警示一下對方。即使知道反抗的結果可能會斷絕來往，甚至付出更慘重的代價，也得奮力去做。如果力不從心，或者可能遭來更大的侵犯，你也要堅強地去做，因為結果往往是邪不勝正。不管結果如何，要從維護自己的形象出發，從拯救一個醜惡的靈魂出發，給予迎頭痛擊，讓他知道，對人該有的基本尊重。

二、勇於說「不」，寧可得罪人也不讓自己難堪

如何拒絕而不得罪人是做人的大學問，拒絕很難，說「不」更難，但如果別人的要求不合理，與其委屈求全，還不如儘快說「不」。

與人交往，說「不」是非常困難的事，其實說出來也可以避免許多麻煩，尤其是那些根本做不到的事。明人潘遊龍的《笑禪錄》裏有一個小笑話：甲乙是朋友。一日，甲病了，愁眉苦臉的。乙來探望，問：「兄是何病？有什麼需要我辦的？我

都能為你辦。」甲說：「我是害了銀子的病，只需要二、三錢便夠了。」乙即假裝沒聽清楚，吞了吞唾沫說：「你說什麼？」笑話本意是在諷刺虛假的朋友，但從中我們也可體會到拒絕別人的不合理要求時，人通常會產生的尷尬心理。

生活中，我們經常會遇到他人的請求，比如借錢，幫忙做某事，下屬提出加薪的要求等等。如果我們對這些請求並不是願意接受的，卻又不好意思說「不」，我們就會使自己陷入十分為難的境地。或者違背內心地答應下來，心裏卻彆彆扭扭；或者假裝答應卻不做，失信於人；或者只能如笑話中的那人，乾吞唾沫，臉上酸酸的……

一般來說，我們應該盡可能地幫助他人，因為助人是我們做人的一種美德，但幫助別人不能沒有原則。對方的請求，有的是不合時宜或不合情理的，有的是我們沒有義務一定要承受的。比如有的人明明自己有存款，卻向你借錢，原因是怕自己提款會損失利息，這樣的請求明顯太自私了。有的人好貪便宜，見有好東西，比如好字畫、盆栽擺設，便獅子大開口：「送給我吧！」這種「奪人所愛」的「請求」

也是讓人反感的。還有些請求，是強人所難，或根本就是無理要求。對這一類請求，我們心裏老大不樂意，卻為什麼常常點頭答應呢？

究其原因，大概有這麼幾個：

1、接受比拒絕更容易。

2、擔心拒絕後會觸怒對方或受到報復。

3、為了給人一個好印象。

4、不瞭解拒絕的重要性。

5、不知如何說「不」。

其中，不知道如何拒絕是令人們最頭痛的事，但如果你掌握了一些技巧，也就不難了。

※ 耐心地傾聽對方所提出的要求。即使是在他述說的當中，已知道非加以拒絕不可，也應該認真地聽他把話講完。這樣做，為的是更確切地瞭解他請求的內涵，也是對對方的尊重。

※ 如果無法當場做出接受或拒絕的決定，就要明白地告訴對方需要考慮的時間，並告訴他所需考慮的時間有多長。可以說：「明天再答覆。」或「讓我先瞭解一下情況，過兩天再給你答案。」但絕不可以把「需要時間考慮」作為拖延不決的擋箭牌。

※ 在拒絕時，應該表明對他的請求是認真考慮過的，也瞭解了對方提出的這一請求的重要性。

※ 拒絕時，在表情上應和顏悅色。最好說一聲：「謝謝對我的信任，不過……」可以略微表示歉意，但切忌過分地表達歉意。那樣，對方會認為不夠真誠。因為如果真的感到那樣的過意不去，那麼為什麼不接受請求呢？

※ 拒絕要和顏悅色，但同時也要顯露出堅決的態度。也就是說，要暗示他，不會因為他再三的請求而改變拒絕的決定的。

※ 最好能向對方說明拒絕的理由，以取得對方的理解和諒解。但這並不意味

著在每一次拒絕時都要附以理由，有時不說理由反而會顯得真誠。你可以說：「真抱歉，這一次我無法為你效力，希望你不介意。」相信不會產生不良後果。如果你講了理由，對方試圖推翻，切記不可和對方爭辯，只需重覆拒絕。

※ 要讓對方瞭解，拒絕的是他所請求的事，而不是他本人，是對事不對人的。這次拒絕了，不妨礙下次提出別的請求，也許下次就可以幫上忙了。

※ 拒絕以後，若有可能，可以為對方提供處理他的請求事項的其他替代方案。美國某市長拒絕了西班牙裔居民關於失業的提案，但在對方撤回後，他說：「我同意將這一提案作為我本人的競選政見而公布。」這位市長拒絕了，但並未失去西班牙裔居民對他的支持。這裡，千萬避免做這樣的事：建議對方試著去找另一個可能更有辦法的人。這樣做只會產生不良的結果，「另一個人」會認為是「嫁禍於人」，而被拒絕者，也會認為只是在搪塞他，而產生更大的反感。如果真的沒什麼好建議，就不用再多說。

※ 千萬不要找個第三者來拒絕人家的請求，這只會讓對方認為你既缺乏誠意又怯懦。

關於拒絕的技巧，有個人提出了一種有效的方法，名之曰：「破唱片法」。損壞的唱片會一遍又一遍地重覆同一句歌詞。有一次，幾位暑期打工的大學生來向他推銷百科全書。他說他對百科全書不感興趣。這些大學生就採取迂迴戰術來說服他，以達到他買書的目的。而「破唱片」也就開始「唱」了——大學生：「你對教育感興趣嗎？」

「破唱片」：「感興趣。但我對買百科全書不感興趣。」

大學生：「你有小孩嗎？」

「破唱片」：「有一個。但我對買百科全書不感興趣。」

大學生：「你對你孩子的教育程度滿意嗎？」

「破唱片」：「也說不上來滿意或不滿意。但我對買百科全書不感興趣。」

最後，大學生們以為他真的不可救藥了，只好放棄向他推銷。

從長遠的觀點來看，我們要想使拒絕的話真正起到作用，必須不帶感情地使用這種技巧，只有平靜地重覆自己的觀點，才能躲避操縱性的言語陷阱、辯論的引誘和形式邏輯的圈套。如果遇到了一位請求者，他一而再、再而三地提出無理要求，並試圖說服，不妨當一次「破唱片」來拒絕他。

做人就要把「不」字理直氣壯地說出口。明人呂坤說：「你說得是，我便聽從；我不是聽從你這個人，而是聽從『是』，哪有什麼私心？同樣，你說得不是，我便不聽從；我不是針對你這個人而不聽從，我是不聽從『不是』，哪裡是(對你)有什麼不滿意？」別忘了，說「不」也是我們的權利。

三、以柔克剛，老虎頭上也能拍蒼蠅

太歲頭上動土，虎嘴拔牙是萬萬不可取的，但如果太歲和老虎要你的命你還動不動，拔不拔？

杜月笙，舊中國上海灘著名的流氓大亨，十里洋場的「第一號聞人」和「工商界鉅子」。其權勢之顯赫，甚至敢於在「太子」頭上動土。

一九四八年夏，為扭轉全國嚴重的財政經濟危機，蔣介石特派蔣經國督導上海地區經濟管制，並組成了逮捕不法之徒的「打虎大隊」。剛好在這時候，杜月笙的三兒子杜維屏因私自套匯港幣四十五萬元外匯，被蔣經國查獲。蔣大為震怒，立即下令逮捕了杜維屏，這在上海灘引起了巨大震動。

對杜月笙來說，從來只有「損」人，沒有被人損過。對於蔣經國的下馬威，杜氏門徒建議「老師」給蔣經國點顏色看看，讓這位「皇太子」知道上海灘不是新贛南。但杜月笙卻不動聲色，既不向主管方面求情，也不跟親朋故舊訴苦，反而一本正經地說：「國法之前，人人平等，杜維屏果若有罪，我不可能也不應該去救他。怕什麼，我有八個兒子，缺他一個，又有何妨？」其實，杜月笙暗中卻在窺探著反擊的機會。

一天，蔣經國把各業巨頭約到浦東大樓，準備對杜月笙施加新的壓力。杜明知是「皇太子」擺的「鴻門宴」卻不便「拒邀」，會議一開始，蔣經國即正色說：「對這次幣制改革，上海各界人士熱烈贊助者很多，但有少數不明大義的人，投機炒作，屯積居奇，興風作浪，影響國計民生。本人此次進行經濟檢查，若囤積物資逾期不放，一經查出，全部沒收，並予法辦。」

蔣經國的話顯然是講給杜月笙聽的。豈料他的話音剛落，杜即起立發言：「我兒子違反國家的規定，是我管教不嚴，我把他交給蔣先生依法懲辦。不過我有一個要求，也可以說是今天到會各位的要求，就是請蔣先生派人到『揚子公司』的倉庫去檢查檢查。揚子公司在囤積的貨色方面盡人皆知是上海首屈一指的。今天我的親友的物資登記查封，也希望蔣先生能一視同仁，把揚子囤貨同樣予以查封，這樣才能服人心。」杜月笙還軟中帶硬的說：「倘若蔣先生罩不住，我可以陪你檢查。閒話一句，我身體有病，不能多坐了。」說完離座而去。

杜的發言猶如一顆深水炸彈，語驚四座，工商界巨頭們不禁暗中佩服這位大亨。杜既然敢在老虎頭上拍蒼蠅，「皇太子」自然也不會示弱，他立即表示「揚子公司」如有犯法行為，絕不寬貸。

頓時，「揚子囤貨案」弄得滿城風雨，街談巷議，紛紛嘲諷蔣氏家族的醜聞。揚子公司原來是一家「皇親國戚」的公司，孔祥熙的大公子孔令侃是這家公司的董事長兼總經理。

孔少爺憑著他是蔣介石的外甥，根本不把「打虎大隊」看在眼裏。但杜月笙先發制人，蔣經國又不能按兵不動，遂下令查封了「揚子公司」之倉庫。

孔令侃立即向小姨媽宋美齡求援，哭訴蔣經國自相殘害手足的舉止。宋在調解未果的情況下，又搬出了蔣介石。蔣介石聽完原委後，不禁埋怨起兒子來，認為他畢竟出道不久，怎麼假戲真做，打「虎」打到自己家族頭上來了，結果，揚子一案不了了之，杜月笙的三公子也早在此事了結之前出了監獄。杜月笙以柔克剛救子這一手的確功力深厚。

四、跟熟人絕對不做生意

深黯方圓之道的人不跟熟人做生意，可能有人會納悶：都說「熟人多了好辦事」，你怎麼會害怕熟人呢？

這就是方圓做人的技巧，因為是熟人，欠你的錢可以不給；因為是熟人，宰你一刀你也不好還價；因為是熟人，貨不好了你也不好意思要退貨……

俗話說：「生意場上無父子。」之所以這句話流傳多年，就是因為人們很難做到這一點。畢竟，中國人講血濃於水，在「義」與「利」的衝突中，往往是理智的「利」輸給了感情的「義」。但在實際的商場中，以「義」來代「利」不僅違背追求最大利潤的生意指導原則，也常常帶來事與願違的隱憂。

一九九七年七月的一天，小張的一個熟人跟他訂了一批辦公用品。聲言他的公司剛成立，貸款還沒下來，但新開張時費用超支，希望能先把貨載走，等開張後立即把貨款送來。完了，還補上一句：「信不信得過我這個朋友？」話說到這樣，小張不答應顯然是不合適了，但還是讓他打了欠條，寫明還款日期。

可是時間過了四年，小張熟人的公司早開張了，車子一輛換過一輛。他也沒有上門，更別說還款之事了。其間小張也打電話或直接上門找過他，一提欠款，他不是推說貸款沒下來，就是大訴苦經，十足的如果還了錢，公司會倒的慘狀。儘管小張有充分的理由，但他還是不想拉他去對薄公堂。因為是「朋友」，所以即使在法律上站得住腳，但在輿論上恐怕已經「出師未捷身先死」了。

還有一個故事：

一個熟人帶了他的一個熟人去買一個保險櫃，因為和介紹人關係好，小明親自選了一台並讓出納按批發價開了發票。那「輾轉的熟人」當時也沒說什麼，只說第二天會把支票送來。當時天近黃昏，小明便邀請兩位到附近的餐廳吃了晚飯。其實那頓飯已經超出賣保險櫃的利潤。事過一星期，對方並沒把支票拿來。業務員便按照名片地址去找，結果回來攤著雙手說，見到了那位保安器材部的老闆，他倒是沒說什麼，只是他手底下的員工抱怨買貴了。小明擔心引起誤會，立即趕了過去，對那位仁兄坦誠相告：「我不可能靠這筆業務發財，也就沒有必要把給你的價錢高出別的顧客，因此使自己堵上兩扇門(還有一位介紹人)」。對方笑笑，竟提出一個大出意料的建議：「你乾脆在我這裡也買點東西吧！」順著他的視線，小明看見他店裏盡是警棍、手銬、警服、警帽，便遺憾地拒絕了。他有些失望，隨即說：「這樣吧，等兩天手頭鬆點就給你送去，就兩天，行不行？」「就兩天」，便又成了一筆「爛帳」。

當然，不要和熟人做生意，並非一成不變。但剛入社會便抱著靠自己的膽識、朋友的關係，一不小心就可能發了大財的想法，卻是危險的。根本之道是既然進入社會，就應該遵循業界的遊戲規則，不然職場生涯就會如同逆風行船一樣萬般險阻。

五、不必和小人劃清界線

小人不一定願意做小人，只是有時也迫不得已。如果我們以仇視的心去對待小人，跟他們劃清界線，弄不好，我們也會成小人的攻擊對象，成為別人眼中的「小人」。

「小人」每個地方都有，這種人常常是一個團體紛擾之所在，他們的造謠生事、挑撥離間、興風作浪很令人討厭，所以有些人對這種人不但敬而遠之，甚至還抱著仇視的態度。

仇視小人固然足以顯示出正義感，但在社會交往中，這並不是保身之道，反而凸顯正義的不切實際，因為這樣的「正義」公然暴露了這些小人的無恥、不義。再壞的人也不願意被人批評「很壞」，總要披一件偽善的外衣，這是人性，特意凸顯出來的「正義」，卻照見出了小人的原形，這不是故意和他們過意不去嗎？君子不畏流言不畏攻訐，因為他問心無愧，小人發現自己的真面目被暴露出來，為了自保，為了掩飾，他是會展開反擊的。也許可以不怕他們的反擊，也許他們也奈何不了你，要知道，小人之所以為小人，是因為他們始終在暗處，用的始終不是正派的手段，而且不會輕易罷手。別說不怕他們的攻擊，看看歷史的血跡吧，有幾個忠臣抵擋得過奸臣的陷害？

所以，和小人保持距離就好了，不必嫉惡如仇地和他們劃清界線，他們也是需要自尊和面子的。何況也不可能完全「消滅」小人，因為「小人」是一種人性現象，而人性是恆古存在的，因此不如和他們保持一種「生態」上的平衡。而且，有他們的存在，才能彰顯「正人君子」的價值與可貴。另外有一點也必須瞭解，「小人」有時也會有「正義」的作用，會不留情面地揭人隱私與不法，這對遊走於法令邊緣的人，未嘗不是一種威脅所在，「小人」還是有某種存在價值的。

至於君子，不必去逢迎拍馬，因為真正的君子一般都有潔癖，他們不喜歡這些非正道的行為。固然人都喜歡被奉承，喜歡一群人把他捧得高高的，但真正的君子會自省，一旦發現是故意在奉承他，基於潔癖反而會故意疏遠，甚至生起嫌惡之心，如此一來就弄巧成拙了。

所以，對真正的君子，保持不卑不亢就行了，君子反而欣賞這種風格。

人在社會裏陰暗複雜，常令人不知如何舉措，多聽多看，誰是君子誰是小人，瞭然於胸矣！

六、學會愛你的敵人

在勝負已判的情況下，放對手一馬，對手也許會心懷感激，當不得志時，往往得到他拉拔的助力。

人和動物有些方面是不同的，動物的所有行為都依其本性而發，屬於自然的反應；但人不同，經過思考，人可以依當時需要，做出各種不同的行為選擇，例如：學會愛你的敵人。

「學會愛你的敵人」，這是件很難做到的事，因為絕大部分人看到「敵人」，都會有滅之而後快的衝動，萬一環境不允許或沒有能力消滅對方，至少也要保持一種冷淡的態度，或說說讓對方不舒服的嘲諷話，可見要愛敵人是多麼的難。

就因為難，所以人的成就才有高下之分，有大小之分，也就是說，能當眾擁抱敵人的人，他的成就往往比不能愛敵人的人高大。

此話怎講？

能愛自己的敵人的人是站在主動的地位，採取主動的人是「制人而不受制於人」，一旦採取主動，不只迷惑了對方，使對方搞不清我們對他的態度，也迷惑了第三者，不清楚我們和對方究竟是敵還是友，甚至還會誤認為雙方已「化敵為友」；然而，是敵是友，只有自己心裏才明白，但是這樣的主動，卻會使對方處於「接招」、「應戰」的被動狀態。如果對方不能也同樣「愛」我們，那麼他將得到一個「度量狹小」之類的評語，一經比較，二者立即有輕重，所以當眾擁抱敵人，除了可在某種程度之內降低對方的敵意之外，也可避免惡化對方的敵意。換句話說，為敵為友之間，留下了一條灰色地帶，免得敵意鮮明，阻擋了自己的去路與退路；俗語說：地球是圓的，天涯無處不相逢，就是這個道理。

此外，這樣的行為，也將使對方失去再攻擊的立場，若他不理會擁抱而依舊攻擊，那麼他必招致眾人譴責。

所以，競技場上比賽開始前，二人都要握手或擁抱，比賽完後也一定會再來一次，這是最常見的當眾擁抱敵人；另外，政治人物也慣常這麼做，明明是恨死了的政敵，見了面仍然要握手寒暄……

每個人的智慧、經驗、價值觀、生活背景都不相同，因此與人相處，爭執難免——不管是利益上的爭執或是是非的爭執。而這種爭執，在競爭激烈的工商界尤其明顯。

大部分的人身陷爭執的漩渦中，便不由自主地焦躁起來，一方面為了面子，一方面為了利益，因此一得了「理」，便不饒人，非逼得對方鳴金收兵或豎白旗投降不可。「得理不饒人」雖然吹響了勝利的號角，卻也成為下次爭執的前奏；「戰敗」的對方也要進行一場面子和利益之爭，他必然要「討」回面子。

「得理不饒人」是權利，但何妨「得理且饒人」？

何謂「得理且饒人」？就是放對方一條生路，讓他有個台階下，為他留點面子和立足之地，這不太容易做到，但如果能做到，對自己則好處多多。

得理不饒人，讓對方走投無路，有可能激起對方「求生」的意志，而既然是「求生」，就有可能是「不擇手段」，這對自己將造成傷害，好比將老鼠關在房間內，不讓其逃出，老鼠為了求生，將咬壞家中的器物。放牠一條生路，牠「逃命」要緊，便不會造成傷害。

對方「無理」，自知理虧，你在「理」字已明之下，放他一條生路，他會心存感激，來日自當圖報，就算不如此，也不至於毀了對方，得理且饒人，也是積德。

人海茫茫，常常會「後會有期」，今天得理不饒人，焉知他日不會狹路相逢？若屆時情勢恰恰相反，那可就有苦頭吃了，「得理且饒人」，這也是為自己留後路。

另外，想想：如果得理不饒人，到底有多少「好處」可得？「大好處」既「大」，何妨也「饒人」？因為這對你的「大好處」影響並不大；至於「小好處」，好處既小，更沒有不饒人的必要。

七、善意的謊言是純金

我們並不是鼓勵說謊言，而是在某些時候，謊言比實話實說會好些。

有時候，我們會講一些「善意的謊言」，這源於我們的善良和友好。在有些特定的情況下，善意的「謊言」也同樣美麗。

美國人霍特一生耿直，憎惡在人際交往中有任何做假。為此，他在五十年生命旅途中付出了沉重的代價，並終於有所頓悟，他痛苦地發現自己竟找不到一個可以傾心交談的人，連妻子和兒女也離他遠去。霍特只能把自己的想法寫在日記上，念給自己聽，霍特這樣說：「我到今天才相信，人與人相處是沒有絕對誠實的。有時候，適當的假話和假象更能促進友誼和愛情。」

霍特的經歷是人類多少年來困惑的縮影。我們提倡人與人之間應該坦誠相待，但發現坦誠會使人在許多時候碰得頭破血流。只是為了維護我們心目中一種虛幻的純潔和躲避政治上的禁忌，我們才無法解釋這種現象。霍特不是政治家，也不再需要自幻，所以他把人類長期羞於啟齒的隱秘說了出來：許多時候，交際並不需要真實。

我的一位朋友，是一家醫院的主治醫師，一天我們正在一起吃晚飯，他的電話突然響了，原來是值班醫生說剛剛送進一個重症病人，我的醫生朋友二話沒說，放下筷子就跑了出去，我也隨他一同趕到醫院。

來到醫院，見到傷者嚇了我一跳，原來傷者膝蓋以下幾乎體無完膚，且全身是血，發出令人驚恐的喊叫聲。他的意識模糊、眼神呆滯，好像快要死了，我見到他的樣子，覺得救治的希望很小，心想：「這個人還能救得活嗎？」不料我的這位醫生朋友這時打了他一巴掌，大聲喝道：「堅強一點！這一點傷算得了什麼！我馬上就會把你治好的，你一定要撐下去。」

醫護人員立即將傷者抬到了手術室，大約過了一個半小時之後，我的朋友從手術室走了出來。我便問他：「你見到傷者時，你真的以為這樣的傷算不了什麼嗎？」他說：「當時，我心中的第一個念頭是：糟了，他恐怕是沒救了，因為大量出血，腰也扭斷了。」「那麼你不是在說謊嗎？」「是啊，醫生是不應該說謊的，但有時卻不得不如此，我感到很為難。」我的朋友接著告訴我：「我認為圓謊是當醫生的條件之一，像剛才的情形，如果我老實說：哇，這麼重的傷，一定沒有救了，他大概會當場就死去。話又說回來，這也是為了傷者好，所以醫生為了救患者的病不得不說謊。」第二天，我打電話向他詢問傷者的情形，幸運的是傷者逃過了死亡的這關。如果按常理看醫生的說謊，顯然委屈了醫生，在特定的情況下，說謊反而於事有益。

謊言，在人際交往中幾乎是不可缺少的，有些人宣稱自己從來不說假話，這句話本身就一定是假話。當我們得知親人病重，當我們獲知朋友遭難，我們就時常會說一些與實際情形完全不符的假話。從這個意義上看，世界上沒有不說假話的人。許多假話在形式上與人際間真誠相處不相一致，但在本質上卻吻合於人的心理特徵和社會現狀，人都不希望被否定，人都希望猜測中的壞消息最終是假的。為了人們許多合理的願望暫時不致於落空，謊言就開始發揮作用。

真正能說好假話並不比說真話容易，首先我們應消除對謊言的偏見和罪惡感，這樣，我們才能把假話說好。說假話有三條規則：

其一，真實假話是無法真實時的一種真實。當我們無法表露出自己的真實意圖時，我們就選擇一種模糊不清的語言來表達真實。當一位女友穿著新買的時裝，問我們是否漂亮，而我們覺得實在難看時，我們便開始用模糊的語言，回答說：「還好。」「還好」是一個什麼概念，是不太好或是還可以？這就是假話中的真實。它區別於違心而發的奉承和諂媚。

其二，合情合理。這是假話得以存在的重要前提，許多假話明顯是與事實不符的，但因為它合乎情理，因而也同樣能體現我們的善良、愛心和美好。經常有這樣的事情：妻子患了不治之症不久將要死去，丈夫為之極感頹喪。他應該讓妻子知道病情嗎？大多數專家認為：丈夫不應該把事情的真相告訴她，也不應該向她流露痛苦的表情，以增加她的負擔，應該使妻子在生命的最後時期盡可能快活。當一位丈夫忍受著即將到來的永別時，他那與實情不符的安慰，反而會帶給我們感動。因為在這假話裏包含了無限艱難的克制。

其三，必須。這是指許多假話非說不可，這種必須有時候是出於禮儀。例如，當我們應邀去參加慶祝活動前遇到不愉快的事情時，我們必須把悲傷和惱怒掩飾起來，帶著笑意投入歡樂的場合。這種掩飾是為了禮儀需要，怎能加以指責？有時候我們說假話是為了擺脫令人不快的困境。例如，美國曾經就一項新法案爭求意見，有關人員質問羅斯：「你贊成那條新法案嗎？」羅斯說：「我的朋友中，有的贊成，有的反對。」工作人員追問羅斯：「我問的是你。」羅斯說：「我贊成我的朋友們。」

當我們按照上述三條規則去說假話，我敢肯定它同樣會給我們帶來非凡魅力。只要我們心存真實，把假話僅作為交際的一種策略，這就是美麗的謊言。它是在善意基礎上交際的必要策略。這和醜惡的假話，和以不可告人的目的編造的假話相比，兩者有著本質的區別。

八、不要隨便攬責任

不在其位，不謀其政，是古人為官的一條方圓之道。不是我們的專業自然就不該插手，也就不應該管。若不在那個職位，管了也防礙別人，吃力不討好，說白了就是沒事惹事。

我們常聽到別人漫不經心地說：「有事我負責！」像這種隨便把「負責」二字掛在嘴上的人是沒有「心機」的人，也是不負責任的人。出了事情，責任誰都能付，但誰也付不起。

責任也是有限度的。不是從一開始就隨隨便便地表示負責到底才是有責任感，而是負自己該負的責任才對。

「責任感」是一種稱讚的話，重點在於後面的「感」字。不是責任，而是感受責任，所以不是只要說願意負責的話就可以了，而是要親自感受自己應該負起的責任。一般人往往不去衡量自己的力量，光是一副正義凜然的樣子拍胸脯來表示願意負責，卻沒有顧慮到現實的後果。

責任並不似權利義務那麼具有強制性，它的道德含意比較強，但實際上卻沒有什麼約束力。

然而，在與人交往時，彼此會不經意地在對方的身上加諸太多責任。在工作上，我們必須義無反顧地擔負一些公事上的責任。有時候當工作沒有成績時，即使並不是自己的過失，仍然得負起連帶責任。這個社會就是這樣，隨時隨地都要負起責任。在這種情況之下，當我們受到別人的請託，為了達成任務所盡的力就是負責。

與人交往的責任，就是只要彼此盡了力就可以了，大可不必非得要求自己或對方奉獻出所有的金錢及時間，不能從別人那裡要求一些不合情理的事情。

身為現代人，於公要對公司負責，於私要對家庭負責，如果為了對朋友負責而傷害了其中之一，那就失去了交朋友原來的意義。

做買賣也好，交朋友也好，本來就是以「一諾千金」為彼此的責任，既不需要任何書面保證，也不必找人作保，只要彼此信得過即可。

與人交往時，不要隨便地拍胸脯說些不負責的話，而是拿出行動來負責。有「心機」的人向來行在前，言在後。

對於別人的請求，既不能馬上答應，也不能馬上拒絕。假如馬上一口拒絕的話，那麼，對方可能就會認為不肯幫助他，甚至彼此的關係因此而僵化，說不定日後有什麼事要找他幫忙的話，儘管他人是有能力幫助的，卻記起前「仇」，以牙還牙，反倒落井下石豈不更慘，因此，最好是使對方認為已盡心盡力地為他服務了。

碰上別人要找工作，就不妨這樣去做：立即請對方寫份履歷表，包括畢業於哪間學校、所學專業、本人志趣和專長等。如此一來這樣別人就親眼看到了幫他忙的事實，造成別人產生可能找對了人的感覺。

然而也可以坦率誠懇地說：「你的事就是我的事，我會盡力而為的。明天我馬上拿你的履歷表去找熟人……過幾天你再來好嗎？」

幾天後，應該搶在人家還沒有來之時，打個電話或親自上門去拜訪。「這幾天我一直為你的事聯絡幾家公司，A公司可能沒有什麼希望，B公司卻說會列入考慮。」

再過兩三天，再主動找到他：「真對不起，你託的事目前都已落空了，我已經透過所有我熟識的人，但卻……真沒辦法，等以後有機會再說吧。」

儘管根本沒去找那些熟人，但朋友一定因此而感激不盡，也不會被別人誤解，沒有盡到責任。

其他方面也是如此。生意上，有人請託看能否透過關係提供他優惠價格的產品，你最好也立即行動：「好吧，我會盡力去幫助你的。」即刻詢問對方要什麼型號，大概要批多少等等。接著按上述步驟，幾天後不要等對方走上門，就應該向對方解釋，說自己已找過主管，但主管很難說話，或者說所有產品別人已全批走了，只能等今後有機會再說。

有人想趁你出差的機會，託你為他購某種型號的產品。請不要馬上拒絕對方的要求，應該馬上接受對方所給予的用於購買商品的金錢，並坦率表明一定幫他找找，若有的話一定幫忙買回來。然後，在出差地點再給對方打個電話，說你走完了幾家大商場都沒有發現那種型號的產品等。

要想方圓做人，必須如此。在日常生活中製造些無本萬利的人情債，這也是有「心機」的人的常用伏筆。

但這種方法不宜常用，只能偶爾為之作為應急之法。經常為之，定會露出破綻，遭人指責。大多數人都喜歡言出必行的人，卻很少有人會用寬宏的尺度去諒解你不能履行某一件事的原因。我們常常聽見某甲埋怨某乙，說：「某乙分明答應了我，但……」

事實上，某乙雖然可能答應過某甲，但那不過是某乙怕難為情不好意思拒絕而已，往後他仔細一想，便覺得這事根本不可能辦到了，甚至某甲自己也知道這事實在強人所難。

但是某甲真的會自責而不責人嗎？恐怕不會的，而在旁人看來，也總是覺得某乙不對，因為到了那個田地，已經沒人注意當初他的一切了。

拿破崙說：「我從不輕易承諾，因為承諾會變成不能自拔的錯誤。」承諾就是要攬責任，如果我們做不到，尤其是超出我們能力範圍之外的事只會令我們失信於人，形象大大受損。

幫助別人原本無可厚非，關鍵是量力而為。不看清自己的實力，什麼事都說「我可以」與一個莽漢並沒有什麼區別。要為自己所說出的話負責，就必須「三思而後言」。

九、做事要方，做人要圓

做人要方圓有道，就必須講究一點「心機」。為什麼銅錢是內方外圓？這就是中國辯證哲學的集中體現，做事要方，做人要圓。

人活在世上，無非是面對兩大世界，身外的大千世界和自己的內心世界。人，一輩子無非是做兩件事—做事和做人。怎麼做事和怎麼做人？從古到今都是人類探討的課題。多少人一輩子都在哀嘆做人難，難做人，人難做，但一枚小小的銅錢卻將一切變得那樣簡潔，那樣明白。

先說方，做事要方，便是說做事要遵循規矩，遵循法則，絕不可亂來，絕不可越雷池一步，這個道理在中國好像已流傳了上千年。

中國人常說的：「沒有規矩，不能成方圓」、「有所不為，才可有所為」，就是「方」這個道理。

每一個行業都有不可逾越的行規。比如說在公家機關上班，就絕對要奉守清廉的原則，從上班的第一天開始就要做好清廉自持的心理準備，就像曾國藩家訓「八不得」中的一條：為官要清，貪不得一樣。如果一開始的動機就不純或慢慢變質，企圖以權謀私或權錢演變，那這個人民公僕是絕對當不好，當不久的。

經商要奉行的金科玉律是一個「誠」字。真正的大企業家必是以誠行天下，以誠求發展，絕不會行狡詐、欺騙的伎倆，為一些蠅頭小利或眼前得失而失信於天下。韓國曾因商業大樓倒塌而發生了世界震驚的慘案，便是因為建築承包商在建造大樓時偷工減料；中國生產鱉精廠家的秘密徹底被揭露，是因為生產鱉精的廠家生產的竟是沒有鰲的鰲精，為此他們犯了行業的大忌。

同樣的做學問信奉的是一個「實」字。一步一腳印，一天一點長進，方能積少成多，日起有功。

做人要圓。這個圓不是圓滑世故，更不是平庸無能，這種圓是「圓通」，是一種寬厚、融通，是大智若愚，是與人為善，是居高臨下、明察秋毫之後，心智的高度健全和成熟。不因洞察別人的弱點而咄咄逼人，不因自己比別人高明而盛氣凌人，任何時候也不會因堅持自己的個性和主張而讓人感到壓迫感和恐懼，在任何情況下都不會隨波逐流，要潛移默化別人，而又絕不會讓人感到是強加於人……這需要極高的素養，很高的悟性和技巧，是做人處事的極高境界。

圓的壓力最小，圓的張力最大，圓的可塑性最強。

這圓既好做也不好做。好做是因為如果人真正有大智慧、大胸襟，真正能自強自信，心胸平和，心地善良，凡事都往好的一面想，凡事都能站在對方的立場為他人著想，自然能接受別人的弱點，即便是遇見惡魔也堅信自己能道高一丈，真能那樣的話，人還有什麼做不好呢？

如果沒有前述的大智慧的人，必然因為內心孤獨而喜歡虛張聲勢；內心弱小的人必好狐假虎威；心中有鬼的人必愛玩弄伎倆；沒有自信的人必會尖酸刻薄，試問這樣的做人又從何談圓？

當然也不乏有人為了某種利益和目的斂聲屏氣、八面討好、左右逢「圓」。但這種圓和那種圓絕對有本質的區別，這種「圓」的後面是虛偽和醜惡。

任何成功的後面都包含著犧牲。如果說有人能做到內方外圓的話，那也肯定包含了許多的犧牲。比如說做事要方，做事要有規矩、有原則，那就意味著許多事不能做、許多事又非要做，那無疑也就意味著會得罪許多人，惹惱許多人，意味著要捨棄許多利益甚至招來殺身之禍。如民族英雄岳飛，為了「忠」捨棄了「孝」。但在「忠」君和「忠」國之間，他做不到只為了忠於昏君而放棄抗擊金兵，為了這種原則，他慘死在風波亭。

做人圓，也會有所犧牲。有時要犧牲小我，有時要忍辱負重，忍氣吞聲；還有更多的時候要承受屈辱、誤解，甚至來自至親至愛的人的傷害。例如履行一種神聖的職責時，被至愛的人認為好大喜功；明明在深謀遠慮，卻被認為是譁眾取寵。

小犧牲換來小成功，大犧牲換來大成功，這就要講究「方」與「圓」的「心機」了。能做到「方」「圓」的，同時卻並沒有感到那是一種犧牲、痛苦的才是大成功、大境界；能為了「方」「圓」去承受犧牲的是小成功、小境界，可是如果剛好反其道而行，做事是圓，只要有利，不擇手段，什麼都敢做；做人是方，刁鑽古怪，鋒芒畢露，心狠手辣的話，可想而知這樣的人遲早會毀在自己手上，所謂「多行不義必自斃」就是這個道理。

十、做人要有銳氣，但不可鋒芒畢露

做人要有銳氣，但銳氣不代表鋒芒。銳氣可以展現自我的內心，但鋒芒卻給別人壓力。週遭的人都會去避免承受那樣的壓力的。

想要在事業上一展才華，可以用一點「心機」巧妙展露，要記得時機沒有成熟之前，千萬別鋒芒畢露。

「人不知，而不慍，不亦君子乎！」可見每個人都會產生不被別人認同、瞭解時的不舒坦。尤其是年輕人，總是希望在最短時期內使人家知道自己是個有才華的人。想讓全世界都知道，當然不可能，使全國人都知道，還是不可能，使一個地方的人都知道，也仍然不可能，那麼總至少要使一個團體的人都知道吧！要使人知道自己，當然先要引起大家的注意，要引起大家的注意，只有從言行舉止著手，於是便容易露出言語鋒芒，行為鋒芒。

鋒芒外露是刺激大家的最有效方法，但若仔細看看周圍的同事，那些進入社會一段時間，已有經驗的同事，完全不是這樣。「和光同塵」、毫無稜角，言語發此，行動亦然，個個深藏不露，好像平庸無才，誰知他們都能征善戰；好像個個都很訥言，誰知他們都是能言善道；好像個個都無大志，誰知他們都胸懷韜略，但是他們卻不肯在言語上露鋒芒，在行為上露鋒芒，這是什麼道理？

因為他們有所顧忌，言語鋒芒，便要得罪旁人，被得罪了的旁人便成為行事阻力，成為成功的破壞者；行為鋒芒，便要招惹別人的妒忌，別人的妒忌會成為工作上的阻力，也會成為升遷的破壞者。放眼四周，都是工作阻力或是成功的破壞者，在這種情形下，一個人連立足點都沒有了，哪裡還能實現揚名立身的雄心壯志？

年輕人往往樹敵太多，與同事不能水乳交融的相處，就是因為言語鋒芒的緣故，言語所以咄咄逼人，行為所以引人側目，是急於讓人知道自己有能力或學歷，而有經驗的同事，所以「以緬合歡」，也是因為曾受過了這種教訓。

陳先生在年輕時代，以兼有三種特長而自負，文筆犀利，口才便給，身手矯健。在學校讀書時，就已經出盡風頭，不怕同學，不怕師長，以為他們都比不上他。初入社會，還是這樣的驕傲自負，結果得罪了許多人，不過，他覺悟得很快，一經好友提醒，便連忙負荊請罪，倒是消除了不少的嫌怨。

但是無心之過仍然難免，終究還是遇到了挫折。俗語說，久病成良醫，在受足了痛苦的教訓後，才知道言行鋒芒太露，就是自己為前途佈下障礙，有人為了避免再犯無心之過，就故意效法金人之三緘其口，雖然「矯枉者必過其正」，但是要掩蓋先天的缺點，就不能不如此。因此若聽見旁人說世故人情太熟，做事過分小心，不但不要見怪，反而要感到高興才是。

當然也許有人會說，這樣不是永遠都不能出人頭地嗎？其實只要一有表現本領的機會，即應把握這樣機會，適時表現個人才情，自然大家就會知道。這種表現本領的機會，不怕沒有，只怕把握不住，只怕做的成績不能使人特別滿意。一旦有了真實的本領，就要留意表現的機會，沒有真實的本領，就要趕快從事預備，《易經》上說：「君子藏器於身，待時而動。」無此器最難，有此器不患無此時。鋒芒對於人只有害處，不會有益處，額上生角，必觸傷別人，如果自己不把角磨平，終必為人所折，到時最受傷害的人會是自恃頭角崢嶸的自己啊！

十一、遭遇麻煩，就要迎風而立

做人有「心機」是一個人的主觀上要改變的，我們自己可以掌握。但客觀環境就不是我們能左右的了。當逆境襲來，方圓之人是會懂得如何去改變，去戰勝。

人生在世，風浪挫折難免，但許多人都一帆風順慣了，害怕磨難，更害怕付出代價。遇到事寧可自己吃點虧，受點氣也不願討回公道，只求個安身，時間一久，窩囊氣鬱積在心裏，一想起來就痛徹心扉，當然，做出以卵擊石的愚蠢之舉是不足取的，但方圓之人都相信正義，相信勇氣。有正義在身，就會有信心，而信心足了也就有了勇氣，就能使人積極找到解決問題的辦法，這樣討回公道就有了希望。關於這一點，一則「小蝦米告大鯨魚」的小故事提供了不小的啟示。

曲小雪到美國留學，經人介紹到了一個美國老太太露易絲家打工。露易絲是一位種族歧視意識非常強烈的老太太，一開始就對來自東方的曲小雪很不禮貌，不允許取起英文名，而且每次叫她的時候不稱呼她的名字，只搖一搖手中的搖鈴。曲小雪雖然感到受了屈辱，但為了不要丟掉這份工作，還是在露易絲家住了下來。

曲小雪的工作是利用下午及晚間來照顧露易絲太太的生活起居，露易絲太太每月付她工資三百美元，另外還提供兩頓伙食。但是，這兩頓伙食每次都是露易絲所吃剩下的，而如果曲小雪吃不完，露易絲還會叫她用果菜機打碎，拌成糊狀放在冰箱裏，留著下頓再吃。曲小雪一開始還忍耐著，到後來終於因此事而與露易絲發生了衝突。

最後，曲小雪忍受不了屈辱，決定辭職。誰知，露易絲太太的兒子，華盛頓的銀行家愛德華回來了，他不允許曲小雪辭職，要求她留下來繼續照顧他的母親。當曲小雪執意離去時，愛德華開始污辱她的人格，說：「我這一輩子最看不起黑人，你們中國人連黑人都不如！」並且強行翻檢曲小雪的箱子。曲小雪感覺自己被羞辱得就像當眾被扒光了衣服，她要求愛德華支付她這三個星期的工資。誰知，愛德華不但不付工資，而且還甩了曲小雪一個耳光，然後抓住她的頭髮狠命的往牆上撞，又把她推倒在地狠命的踢打。曲小雪全身血污，很快就昏厥過去。鄰居聽到曲小雪的哀嚎，於是趕快打了電話報警，愛德華趁曲小雪昏迷，在員警面前反咬一口，說是曲小雪被辭退後不肯離開，且先咬了愛德華的手，這才發生了衝突。曲小雪在朋友的幫助下到醫院做了診斷，結果證明她的髕軟骨已永久性挫傷，脊椎骨錯位彎曲，腦震盪也十分嚴重。無論是心靈還是肉體，曲小雪都受到了嚴重的創傷。

曲小雪知道，這一次她必須利用法律的手段來為自己伸張正義，否則她註定一生都將生活在巨大創傷的陰影下不能抬頭，如此年輕的她怎能就這樣屈從了自己的命運呢？

於是，她終於下定決心控告銀行家愛德華。她花了幾個月的時間，總算找到了一位願意幫她的律師。但是事情的進展並不順利，在地方法庭上，愛德華雇請的三個大律師極力說服了法官判定此案為庭外和解。曲小雪不服，於是上訴。每次開庭，結果仍是庭外和解，於是曲小雪繼續上訴。斷斷續續，這場官司整整打了四年，一直打到了最高巡迴法庭。

在這四年裏，曲小雪付出了局外人無法想像的巨大代價，她面容憔悴，疾病纏身，連頭髮都白了許多，但她一想到自己心靈深處的創傷會因為正義的判決而得到安撫，就仍然感到抑制不住的興奮。終於，在最高巡迴法庭上，曲小雪以強烈控訴感動了法官和陪審團，儘管愛德華的律師拚命周旋，法官還是判愛德華無故傷害罪，責令其賠償五千二百五十美元，並當庭向原告道歉。曲小雪要求愛德華向她大聲道歉，之後，她以一個中國公民的身份莊嚴宣告，她耗時四年打這場官司，是為了討回做人的尊嚴，而不是為了這一文不值的美元。說罷，她把五千二百五十美元的支票撕得粉碎，拋向了法庭的天空。

曲小雪的故事給了我們兩點啟示：

第一，一旦自己所珍視的人格、尊嚴以及某種重要的利益受到了冒犯和損害，就必須勇敢地挺身而出，不惜代價為自己求得公正。

第二，付出代價也要考慮自己的實力，但勇氣會增加可行的方法和討回公道的實力。在這一點上曲小雪為我們樹立了非常好的榜樣。

事實上，在大多數人的人生歷程裏，像曲小雪所經歷過的如此之大的屈辱是不多見的，但是，一旦這樣的屈辱發生在個人身上時，作為影響人生的一道關卡便出現了，個人是不是有勇氣挺身而出，為自己討回公道呢？如果說在一個民主制度、法律制度尚不十分健全、人治大於法治的社會裏討回公道還是極為艱難的，但是隨著民主化、法制化進程的推進，我們相信自覺而勇敢地利用法律手段為自己洗刷屈辱、求得正義是可以期待與爭取的，在此前提之下唯一需要考慮的就是個人的勇氣與毅力：挺起胸膛，就能雲開日現；蜷起身子，就只能一輩子受氣。

十二、方圓做人更要求原則

人與人之間的矛盾，如果以平等互惠的方式來解決，都是可以化解的。

但是，如果矛盾觸碰到了原則性問題，那麼就必須站穩腳跟，寸步不讓，即使是細節也不能輕易略過。方圓之人懂得，如果原則的問題也要讓步，等於失去了做人的方向。

人們所說的原則性問題主要有兩種，一種是尊嚴，另一種是應得的利益。尊嚴是精神上的原則性問題，一個人格健全的正常人是不能允許別人輕易冒犯自己的尊嚴，尊嚴受到損害有時比物質利益的損失更讓人感到痛苦和難以忍受。一個人的素養越高，越看重自己的人格與尊嚴，所謂「士可殺不可辱」正是這個意思。

我們說在尊嚴問題上必須寸步不讓，但在很多情況下是自己的尊嚴已被人嚴重的侵犯了，卻還不知如何抗議，結果只能白白地受氣。其實，別人侮辱我們的人格，並不就意味著他的人格有多高尚，如果我們能夠瞭解對方，稍稍使用一點「心機」，以其人之道還治其人之身，往往可以收到良好的效果，從而為自己討回尊嚴，出一口怨氣。

美國某大城市的一戶人家，有一位鄉下來的小保姆，由於性情實在，工作勤奮，給女主人的印象頗佳。但是，生性狐疑的女主人還是擔心這位鄉下小女孩手腳不乾淨，於是在試用期的最後幾天想出個辦法來試一試她。

一天早晨，小保姆起床要去做飯，在房門口撿到一塊錢，她想肯定是女主人掉下的，就隨手放在了客廳的茶几上。誰知第二天早晨，小保姆又在房門口撿到了一張五元的鈔票，這讓她感到很奇怪。「莫非是在試探我嗎？」小保姆產生了這樣的疑問。但她又很快打消了這個念頭，因為女主人剛從高階主管退休下來，怎麼會做出這樣侮辱人的事情呢？這樣想著，她就把錢放進了茶几底下，但心裏面還是留了個心眼。

到了晚上，小保姆假裝睡著，從臥室的窗戶窺看客廳中的動靜。正當她睏意襲來，準備放棄這一念頭時，女主人竟真的悄悄到茶几前取錢來了。小保姆真的生氣了，怒火沖上了她的心頭：怎麼可以這樣小看人！她咬了咬嘴唇，下定了一個決心。次日早晨，小保姆又在房門口發現了一張鈔票，這次是十元。她笑了笑，把錢裝進了自己的口袋。到了傍晚，她在女主人出去跑步健身之前把這十元悄悄地放在了樓梯上，準備也測試女主人一番。果不出小保姆所料，女主人之所以懷疑別人手腳不乾淨，正是因為她自己是一個自私而貪心的人，她在下樓時看見了那十元，當時就眼睛一亮，然後趁著左右沒人把錢塞進了口袋裏。這一幕，全都被暗中偷窺的小保姆看到。當晚，女主人就像主管找部屬談話一樣找到了小保姆，嚴肅而又婉轉地批評她為人還不夠誠實，如果能痛改前非，還是可以留用的。小保姆故作懵懂地問：「您是不是說我撿到了十元？」「是呀！難道妳不覺得自己有錯嗎？」小保姆搖了搖頭說：「不，我不認為我做錯了什麼，因為我已經將那十元還給您了。」女主人一臉詫異：「咦，妳何時何地還我錢了？」小保姆大聲回答：「今天傍晚，樓梯……」女主人一聽到「樓梯」兩個字，頓時像觸了電一樣渾身一顫，狼狽的一句話也說不出來了……

聰明的小保姆利用了一些「心機」為自己找回了面子，女主人自然也無法再侮辱她的人格和尊嚴。試想一下，如果她正面反擊，不講策略又會是什麼效果呢？使用一點「心機」，就可以方圓有道，一勞永逸，可見做人還是要有技巧的。

這個例子雖然小保姆著實出了一口怨氣，但也只能告訴我們「自保」的方法是找得出來的。

不過，也要看看例子中的女主人有沒有那樣的肚量，而不惱羞成怒地將小保姆辭退，要給對方留一個很好的退路，不然可能適得其反，反而不好！

國家圖書館出版品預行編目資料

把心機用在對的時機 / 呂叔春著. -- 二版. -- 臺
北市 : 種籽文化, 2019.04
面 ; 公分

ISBN 978-986-97207-2-4(平裝)

1.人際關係

177.3 108004471

Concept 119

把心機用在對的時機(全新暢銷修訂版)

作者 / 呂叔春
發行人 / 鍾文宏
編輯 / 編輯部
美編 / 陳子文
行政 / 陳金枝

企劃出版/喬木書房
出版者 / 種籽文化事業有限公司
出版登記 / 行政院新聞局局版北市業字第1449號
發行部 / 台北市虎林街46巷35號1樓
電話 / 02-27685812-3　傳真 / 02-27685811
e-mail / seed3@ms47.hinet.net

印刷 / 久裕印刷事業股份有限公司
製版 / 全印排版科技股份有限公司
總經銷 / 知遠文化事業有限公司
住址 / 新北市深坑區北深路3段155巷25號5樓
電話 / 02-26648800 傳真 / 02-26640490
網址：http://www.booknews.com.tw(博訊書網)

出版日期 / 2019年04月 二版一刷
郵政劃撥 / 19221780 戶名：種籽文化事業有限公司
◎劃撥金額900(含)元以上者，郵資免費。
◎劃撥金額900元以下者，若訂購一本請外加郵資60元；
　劃撥二本以上，請外加80元

定價：250元

喬木
書房

喬木書房